- ● 観る・遊ぶ
- Ⓡ 食事処
- Ⓒ カフェ
- Ⓢ みやげ物店
- Ⓗ 宿泊施設
- Ⓐ アクティビティ会社
- ❶ 観光案内所

C

D

Ⓡ 丸 P.24

• 旅番屋コインランドリー

グランスポット Ⓡ 名取本店 P.66
P.66 Ⓢ セイコーマート P.67

105

Ⓗ ホテルあや瀬
P.69

おかだ菓子店 P.67 Ⓢ

笑う門 Ⓡ さとう商店 P.67 Ⓗ
P.66

和洋創咲いろは Ⓡ
P.66 お宿マルゼン
P.126

利尻おしどまり郵便局 •

ペシ岬
P.43、55、64 ●

だしの専門店
りせん
P.67
ペンション Ⓢ
ヘラさんの家
P.69

利尻
マリンホテル
P.69
Ⓗ

旅館 なり田 Ⓗ
P.126

利尻うみねこゲストハウス
P.126

Ⓗ 旅館 大関 P.126

108

田中家 ひなげし館
P.68
Ⓗ

🏫 鴛泊小

ラ モシリ

ス

くみあいストアー
Ⓢ P.67

利尻富士観光ホテル
P.69 Ⓗ 旅館 雪国 P.126
Ⓐ
TSUKI CAFE P.26 Ⓡ Ⓒ PORTO COFFEE P.26
磯焼亭 P.65 Ⓡ •鴛泊港
フェリーターミナル
さとう食堂 P.24 Ⓡ ❶ 利尻島観光案内所
P.126
Ⓢ ターミナル売店
P.67
Ⓡ 食堂 丸善
P.66

N

0 100m

JN051835

C

D

観る・遊ぶ
食事処
カフェ
みやげ物店
宿泊施設
観光案内所

地形広域

観る・遊ぶ
食事処
みやげ物店
宿泊施設

返台園地
75

天宮 P.75

Map④ 礼文島・元地

● 観る・遊ぶ
Ⓡ 食事処
Ⓢ みやげ物店
Ⓗ 宿泊施設

地蔵岩 P.83、97 ●

メノウ浜 P.97 ●

Ⓢ 5R store rebun
P.97

Dining Cafe 海 P.97 Ⓡ

Ⓢ 創作木彫 P.97

リュウの店 P.97 Ⓢ

元地海岸

765

元地神社

新桃岩トンネル

765

かぶか荘 ●

● 桃岩展望台コース
登山口

765

● レンジャーハウス

桃岩 ●
P.82、97

● 桃岩展望台
P.96

N

● 桃台猫台
P.96

● 桃岩展望台コース
P.86

0   500m

猫岩
P.96

Ⓗ 桃岩荘ユースホステル
P.90

Map⑤ 礼文島・船泊

Ⓡ 食事処
Ⓢ みやげ物店
Ⓗ 宿泊施設

プラージュ・ド・ラパン Ⓢ
P.100

Ⓡ 双葉食堂 P.100

船泊マリンストアー ●

Ⓗ 民宿カメとはまなす
P.126

船泊郵便局 ●

比叡山
北教寺

民宿海憧 ●
P.126 Ⓗ

Ⓡ お休み処 談
P.100

礼文町総合公園 ●

507

40

礼文島プチホテル
コリンシアン Ⓗ
P.126

⊠ 船泊中

ホテル礼文荘
P.126 Ⓗ

⊠ 船泊小

507

久種湖畔
展望台 ●

大沼神社 ●

● 久種湖
キャンプ場

久種湖

N

0   100m

豊かなる大自然に接する

最果ての島

利尻

RISHIRI & REBUN

礼文

利尻 礼文へようこそ！

利尻・礼文で暮らし、島を愛する皆さんが、
島の魅力やおすすめの楽しみ方を教えてくれました♪

Welcome

写真集を出してます！

> 礼文の自然と
> 人の暮らしに
> 憧れて移住しました。
> 冬の礼文は
> アメージングです！

ターミナル前で
おいしいコーヒー
入れています♪

> 利尻山の
> 美しい姿が大好き。
> 雄大な姿を眺めながら、
> コーヒーと
> 焼きたてパンをどうぞ

利尻・鴛泊
P.26

PORTO COFFEE
白戸 浩明さん
美穂さん

> 島のおみやげを
> たくさんおいてます。
> 当店の窓から見える
> ペシ岬も
> 絶景なんですよ！

礼文
P.112

礼文町職員
クリストファー・
ブラウンさん

当店オリジナルモンベル
Tシャツが好評です！

利尻・鴛泊
P.67

さとう商店
佐藤 かおりさん
加藤 美乃里さん
鈴木 有紀さん

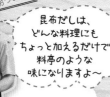

島の食材を使った
おつまみがおすすめ

> 昆布だしは、
> どんな料理にも
> ちょっと加えるだけで
> 料亭のような
> 味になりますよ〜

オタトマリ
P.71

利尻亀一
丸山 隆二さん

海藻の押し花の
世界に触れてみて！

> 海藻で
> 押し葉アートを
> 作っているの。
> 島の駅に見にきてね

沓形
P.60

島の駅利尻
惣万 栄子さん

礼文の元地の
雑貨店に遊びにきてね

> ビーチを
> 歩いているだけで
> とっても楽しいです。
> 海から環境を考える
> きっかけにもなりますね

礼文・元地
P.97

5R store rebun
三浦 めぐみさん

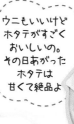
ウニもいいけど
ホタテがすごく
おいしいの。
その日あがった
ホタテは
甘くて絶品よ

カフェバーに
遊びにきてね！

フェリーターミナル前の
食堂においで〜

３年後の
ウイスキーの完成を
お楽しみに！

利尻・沓形
P.78
CHICO GARAGE
張間 静也さん（左）
綾さん（右）

沓形から見る利尻富士は
とってもきれい。
夜はうちの店の前で
満天の星が見られますよ

利尻
P.65
磯焼亭
後藤 美代子さん

穏やかな早朝、
ないだ湖面に映し出される
利尻富士は
本当に美しいですよ

利尻山が育む
おいしい水と、
きれいな空気、海からの風。
どこを切り取っても
ウイスキー作りに
ぴったりな島なんです

食材の鮮度には
とことんこだわります！

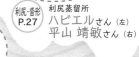
利尻・沓形
P.27
利尻蒸留所
ハビエルさん（左）
平山 靖敏さん（右）

オタトマリ沼
P.71
わかさんの店
若林 吉武さん（左）
朝美さん（右）

沓形は
こぢんまりとした町だけど
飲食店も温泉も
ホテルもバーも本屋も
あって快適！

自然の中で遊びましょう！

日本酒、
藤峰の雫を飲んでみて！

最北の島は自然が
とてもダイナミック。
海も山も、驚きの
連続ですよ！

島に来て７年、
もうこの島が故郷です

海と山が
こんなに近い島なんて
そうそうないでしょ！

利尻
P.30
利尻自然ガイドサービス
渡辺 敏哉さん

利尻
P.26
TSUKI CAFE
尾形 宗威さん

利尻・沓形
P.78
津田商店
高橋 哲也さん

飛行機と船を乗り継いで、最果ての島へ

島旅×ジブン時間

はるばる時間をかけてやってくるだけの価値がこの島にはある。
北国の厳しい気候のなかで自然が見せる、一瞬の優しさを見つけて。

礼文島のゴロタ岬。吸い込まれそうな深い青色の水をたたえた湾を見ながらお花畑をハイキング

1

島旅×ジブン時間

生命が輝く、最北の島の短い夏

長く厳しい冬が明けると、島は生命の息吹に包まれる。
咲き乱れる高山植物、青く輝く海。生命の輝きを胸に刻んで。

2

3

4

5

6

1. 深緑色の水をたたえた姫沼の向こうにそびえる利尻山
2. オタトマリ沼からは雄々しい利尻山の姿が見られる
3. 夏の間、仙法志御崎公園に出張に訪れるゴマフアザラシ
4. 映画のセットがそのまま残る北のカナリアパーク
5. 晴れた日には利尻山の稜線から眼下に町と海が広がる
6. 夏の楽しみといえば高山植物。島には固有種が多い

礼文島の澄海岬。緩やかに弧を描く湾の周りには花々が咲き乱れ、
その美しさに息をのむ

1

島旅×ジブン時間

雄大な大地の、一瞬の景色を求めて

夜明けから夕暮れまで、島は次々と新たな表情を見せる。
その光景は、奇跡の一枚となるかもしれない。

2

4

6

3

5

1. 礼文島桃岩展望台から眺める夕暮れ。赤い屋根は桃岩荘
2. 利尻島夕日ヶ丘展望台から鷲泊の町と利尻山を望む
3. 拝んでいるかのような地蔵岩。波しぶきを浴びで、より幻想的に
4. ペシ岬から見る夜明け。水平線から黄金色に染まっていく
5. 礼文島は周氷河地形と呼ばれるなだらかな地形が特徴
6. 利尻島の夕日が丘展望台。断崖は海鳥たちの楽園だ

上／礼文島の桃岩。夕日を浴びて燃えるように輝く
左下／ペシ岬から見る日の出。つかの間、黄金に輝く
右下／朝日を浴びる利尻山。赤く輝くのはこの時間だけ

島旅×ジブン時間

大いなる、自然の恵みを享受する

ただ美しいだけではない。利尻・礼文は過酷な自然環境におかれた最北の島だ。
人々の知恵と工夫が、この地を恵みの島にした。心ゆくまで、恩恵にあずかろう。

1. 昆布干しは家族総出で行う一大イベント。天気との勝負だ
2. ウニと並んでホタテも美味。肉厚でうま味が強いのが特徴
3. 利尻山の麓を走るサイクリングロードは爽快そのもの
4. 昔漁に使われていたガラスの浮玉。宝石のようだ
5. 北の海で育ったウニや新鮮な魚介類は格別の味わい
6. 来年もまた来るぞと誓って、島としばしのお別れ
7. 海に浮かぶ利尻山をぼんやり眺める。最高の贅沢だ

上／昆布漁は早朝に行われる。漁期は7〜8月
下／限られた時間内で行われるウニ漁。一瞬が真剣勝負だ

地球の歩き方 島旅04 利尻 礼文 4訂版

contents

本書の見方

使用しているマーク一覧

交 交通アクセス	休 定休日	観る・遊ぶ
バス停	料 料金	食べる・飲む
住 住所	客室数 客室数	買う
電 電話番号	カード クレジットカード	泊まる
FAX FAX 番号	駐車場 駐車場	voice 編集部のひと言
問 問い合わせ先	URL ウェブサイト	旅人の投稿
時 営業・開館時間	予約 予約	
所要 所要時間	インスタグラム	

MAP のマーク

観る・遊ぶ	卍 寺院
食事処	神社
みやげ物店	温泉
宿泊施設	観光案内所
アクティビティ会社	学校

※新型コロナウイルス感染拡大の影響で、営業・開館時間や定休日が変更になる可能性があります。お出かけ前に各施設・店舗にご確認ください。
※本書に掲載されている情報は 2022 年 9 月の取材に基づくものです。正確な情報の掲載に努めておりますが、ご旅行の際には必ず現地で最新情報をご確認ください。また弊社では、掲載情報による損失等の責任を負いかねますのでご了承ください。
※商品・サービスなどの価格は原則として消費税込みの総額表示です。
※休館日や休業日は年末年始やお盆を省き、基本的に定休日のみ記載しています。
※宿泊料金は特に表示がない場合、1 室 2 人利用時の 1 人あたりの料金です。また、素…素泊まり、朝…朝食付き、朝夕…朝夕食付きを意味します。

ひと目でわかる
利尻 礼文

利尻島は1721mの利尻山を中心としたほぼ円形の島。
礼文島は南北に細長く、約300種類の高山植物が咲き乱れる
花の島として知られている。

島への行き方 ・詳しくはP.122

フェリー

稚内からハートランドフェリーが利尻、礼文間を運航。稚内〜利尻は所要1時間40分。夏場は1日3便運航。利尻〜礼文は所要45分。夏場のみ、利尻の沓形港と礼文便が運航する。

飛行機

丘珠空港と利尻空港がJALが1日1便運航。6〜9月は新千歳空港〜利尻空港をANAが運航。

スコトン岬
金田ノ岬
船泊
ゴロタ岬
久種湖
507
澄海岬
40
礼文町
礼文岳
日食観測記念碑
香深井
N
0 1 2km
礼文滝
香深
40
元地
765
礼文町役場
桃岩
香深港フェリーターミナル
桃台猫台
猫岩
桃岩展望台
北のカナリアパーク
知床

礼文島　稚内
利尻島
0　20km

南北約26km、東西約8kmの
細長い島に絶景が点在
P.80

礼文島

海抜0mから高山植物が咲く、日本最北の離島。
大地を彩る可憐な花々を眺めながら絶景トレッキングを楽しもう。

澄海岬 →P.99

吸い込まれそうな深いコバルトブルーの水をたたえる美しい湾。夏場には、あたりを花が咲き乱れ美しく彩る。

桃台猫台 →P.96

礼文島の西海岸にある展望台。奇岩、桃岩や猫岩、柔らかな緑に覆われた岩などの絶景に心打たれる。

桃岩 →P.97

最大幅300mもある巨大な奇岩。マグマが隆起したもので、その見た目から桃岩と呼ばれる。

北のカナリアパーク →P.88

映画『北のカナリアたち』のロケセットをそのまま残したスポット。校舎の向こうには海に浮かぶ利尻山が。

気になる
ベーシックインフォメーション Q&A

Q 何日あれば満喫できる?

A 最低2泊3日から

駆け足で見どころを巡るなら各島1泊ずつで2泊3日でも可能だが、できればゆっくり滞在し、ハイキングなどのアクティビティを満喫したい。利尻登山がメインなら、天候予備日を考え3泊4日はしたい。

Q ベストシーズンはいつ?

A 6〜9月末まで

冬の間は風が強く船の欠航が多くホテルや飲食店はクローズするところも。6月に入ると花が見頃を迎え観光客は一気に増え、8月末までがピーク。9月下旬〜10月前半に利尻山は初冠雪を迎える。

Q 旅の予算はどれくらい?

A 2泊3日で5万円〜が目安

東京から稚内までANAの割引運賃で約2万1270円、稚内から利尻までのフェリーが2等で2660円、民宿が1泊2食付きで1万円程度。また島内ではレンタカーなどの移動手段も確保する必要がある。

名峰利尻山を中心とする
周囲60kmの島

P.40

利尻島

鴛泊と沓形のふたつの町が中心。島を一周し、360度から利尻山の勇姿を眺めよう。

利尻山 →P.44

島の中央に位置する利尻島のシンボル。日本最北の百名山であり、登山家の憧れの山のひとつ。

オタトマリ沼 →P.71

利尻山を望む絶景スポット。風の穏やかな日には、湖面に映る逆さ富士も観られる。利尻グルメも充実。

夕日ヶ丘展望台 →P.64

標高55mほどの小高い丘の上にある展望台。利尻山、鴛泊市街地、そして海の向こうには礼文島も望むことができる。

フェリーで約45分

夕日ヶ丘展望台
鴛泊港フェリーターミナル
利尻富士町役場
鴛泊
利尻空港
[105]
[108]
野塚展望台
利尻山登山口
▲ポン山
沓形港フェリーターミナル
沓形
利尻町役場
利尻富士町
▲利尻山
[108]
神居海岸パーク
利尻町
鬼脇
[108]
仙法志ポン山
オタトマリ沼
仙法志
N
0 1 2km
仙法志御崎公園

自転車専用

1076
北海道

利尻富士利尻自転車道線

15

利尻 礼文の島ごよみ

平均気温 & 降水量

※参考資料　気象庁ホームページ
www.jma.go.jp/jma/index.html
※気象庁稚内地方地方気象台香形観測所における 1991 ～ 2020 年の平均値

	1月	2月	3月	4月	5月
利尻 平均気温（℃）	-1.8	-1.4	2.1	7.6	13.2
			-0.3	4.6	9.6
最高気温（℃）	-4.0	-3.8	-3.2	1.4	6.1
最低気温（℃）	-6.4	-6.5			
降水量（mm）	46.4	33.3	34.8	41.2	68.4

東京 ----- 平均気温（℃）　降水量（mm）

日の出 / 日の入り	7:14 / 16:09	6:50 / 16:49	6:06 / 17:29	5:08 / 18:09	4:18 / 18:47

シーズンガイド

オフシーズン

冬　12～2月
厳しい寒さが続き、島は雪に閉ざされる。強風が吹き荒れるため、フェリーが欠航になることもしばしば。

春　3～5月
3 月中旬から雪解けが始まる。4 月中旬には海岸近くの草原に花が咲き始め、5 月中旬から花の季節のスタート。

お祭り・イベント
※詳しくはP.111 へ

りしり寒歓まつり（利尻）
タイヤ引きレースや寒中かき氷早食い大会など、寒さを吹き飛ばす祭り

最北フラワーマラソン（礼文）
花の季節の訪れを告げるマラソン。親子で気軽に参加できる

利尻島一周悠遊覧人 G（利尻）
利尻町、利尻富士町両町で開催される利尻 1 周を走るマラソン大会

見どころ・旬のネタ
※詳しくはP.121 へ

🐟 ホッケ

❄ スノーシュー・バックカントリー

🌸 レブンアツモリソウ

🦀 ケガニ

最果ての島、利尻・礼文。長く厳しい冬が明けると、
待ちかねたように高山植物が咲き乱れ、島を彩る。
利尻山登山のベストシーズンは雪が解ける 6 月中旬〜初冠雪前の 9 月中旬まで。
最近では冬のスノーシューやバックカントリーも注目を集めつつある。

6月	7月	8月	9月	10月	11月	12月

（mm）・300

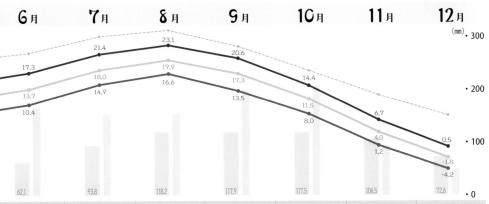

23.1
21.4
20.6
17.3
19.9
18.0
17.3
16.6
14.4
14.9
13.7
13.5
11.5
10.4
8.0
6.7
4.0
1.2
0.5
-1.8
-4.2

・200

・100

・0

62.1　93.8　118.2　117.9　117.5　106.5　72.6

3:49 / 19:20	3:54 / 19:26	4:25 / 18:57	5:01 / 18:06	5:38 / 17:09	6:19 / 16:18	6:58 / 15:54

オンシーズン　　　　　　　　　　　　　　　　　　オフシーズン

夏　6〜8月
利尻山 山開き
利尻・礼文が最も輝く季節。6 月中旬〜 7 月
は花々が咲き乱れ美しい。8 月中旬を過ぎると
秋の気配が漂い始める。

秋　9〜11月
利尻山の 初冠雪
9 月は天候が安定する季節。中旬には紅葉が
始まり、早い年だと利尻山に初冠雪が見られ
ることも。

アザラシの 季節！

北海島祭り（利尻）
鴛泊、鬼脇両町で開催さ
れる夏の祭り

礼文ふるさとまつり（礼文）
礼文全島で開催される祭り。出
店、花火など催しもの多数

利尻島サケ釣り大会（利尻）
島内外からの参加者が、釣った
サケの重量を競い合う！

利尻島一周ふれあいサイクリング（利尻）
利尻島 1 周 60km を走るサイクリング

🍃 利尻山登山シーズン

🐟 昆布漁

🌸 リシリヒナゲシ

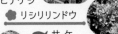
🌸 リシリリンドウ

🐟 サケ

🐟 アワビ

🌸 レブンウスユキソウ

🐟 キタムラサキウニ

🐟 エゾバフンウニ

最果ての海に浮かぶ自然豊かな島

利尻 礼文をもっとよく知る Keyword

1周60kmの円形の島、利尻島と、南北約26kmの細長い礼文島。小さな島ながら、美しい自然景観や海の幸、歴史など魅力がぎっしり。

ハイキング
Hiking

利尻山
Rishiri Mountain

海上に浮かぶ 1721mの独立峰
周囲60kmの島のほぼ中央に鎮座する、日本最北の百名山のひとつ。海岸線から立ち上がる雄壮な姿は人々を引きつけてやまない。短い夏には高山植物の宝庫となる。

気軽な散策から ハードな登山まで 多彩なトレイルが点在
両島とも、湖の周りを1周するショートコースから激しいアップダウンのある上級者コースまでさまざまなトレイルがある。体力に合わせて絶景ハイキングを楽しんで。

高級料亭でも愛用される 香り高い昆布
利尻・礼文から知床岬まで、北海道北部を中心に分布する昆布。利尻・礼文はその代表産地だ。島では高品質の昆布が本州より安く手に入る。

利尻昆布
Rishiri Konbu

ウニ
Sea Urchin

6〜9月のみ解禁になる 海の宝石
夏の味覚の代表。味の濃いバフンウニとさっぱりとしたキタムラサキウニがあり、ぜひ食べ比べたい。

高山植物
Alpine Plant

夏の島を彩る 可憐な花々の競演
島の森林限界が低いため、本州では高山でしか見られない植物が低地から見られる。島の固有種も多い。→ P.28

アザラシ
Seals

島の絶景の中を 爽快サイクリング
利尻島の野塚から沓形まで、約25kmにわたってサイクリングロードが整備されている。絶景の陸橋やウミネコのコロニーを駆け抜けて。→ P.56

サイクリングロード
Cycling Road

愛らしくも悩ましい 漁師たちのライバル
利尻・礼文の海岸にはアザラシやトドが遊びにやってくる。波打ち際でくつろぐ姿は愛らしいが、漁場を荒らす漁師の敵でもある。礼文ではやむを得ず、冬場に限りトド猟を行う。

遺跡
Ruins

**日本列島最北端の島に眠る
文明と文化の証**

礼文島北部の船泊から出土した縄文時代の
貝細工や墓、沓形で出土したトナカイのツノ
の装飾など、島に古くから人が住み、文化が
育まれていたことを教えてくれる。

桃岩荘ユースホステル
Momoiwaso Youth Hostel

**日本最北の
名物ユースホステル**

礼文島の西側、島の秘境エリ
アにあるユースホステル。特
異な体験ができることから
"人生観が変わる宿"ともい
われる。→P.90

**今も種類が増え続ける
利尻の名物飲料**

もとは酪農家を営んでいたオー
ナーが、家庭用に作っていた乳
酸飲料。名前も味も、何かに
似てる……？ もちろん島のオ
リジナル！→P.79

ミルピス
Milpis

名水
Spring Water

**数万年の歳月をかけて
利尻山が育んだ湧水**

利尻山に降った雨は、長い年月を
かけて濾過され山麓の低地で湧き
出る。甘味すら感じるまろやかな
「甘露泉水」や、海底から湧き出る
湧水をボトリングした「リシリア」
など、名水が豊富だ。

北のカナリアたち
Kita no Kanariatachi

**吉永小百合主演の
サスペンス映画の舞台**

2012年公開の映画、『北の
カナリアたち』。利尻・礼文
で撮影され、舞台となった小
学校はそのまま残され見学で
きる。→P.88

**ロシアからの
襲撃を警備した
藩士たちの墓**

幕末、開国や通商を求めてロ
シアが北方の島々を襲撃。そ
れらの警備のため、会津藩士
がこの地へ送り込まれた。過
酷な環境で命を落とした藩士
を弔う墓碑が3ヵ所に建てら
れている。

会津藩士の墓
Tomb of Aizu hanshi

ラナルド・マクドナルド
Ranald MacDonald

**日本開国の道に大きく貢献した
日本初の英語教師**

鎖国時代の1848年、日本への憧れから密入国を果たした水夫。
収容先の長崎で英語教師として日本人に英語を教え、のちの黒船
来航時の日本側の通訳士を育てた。

海が育む 島の味

島みやげ

とっておき

北緯45度に浮かぶ利尻・礼文島。暖流と寒流が出合う豊かな海で育まれた魚介類を自宅でも味わいたい！ 利尻・礼文の逸品を一挙ご紹介。

絶品！名産品＆調味料

ウニと利尻昆布は外せない！

最高級の利尻昆布は島で買うとずっとリーズナブル。厳選素材で作った調味料が料理をワンランク上の味わいに。

400円

レンジでポン 半干し 糠ほっけ
そのままレンジでチン！ 礼文みやげの定番・糠ほっけをお手軽に Ⓜ

1300円

利尻昆布の琥珀だし
利尻昆布のだしをたっぷり使用した透明感あふれるだし。雑味のないすっきりとした味が特徴 Ⓔ

518円

利尻昆布しょうゆ
利尻昆布のだしを配合した醤油。料理の味付けや刺身醤油としても Ⓐ

324円

らーめん味楽 焼き醤油味
最果ての名店、らーめん味楽の味を自宅で再現 Ⓓ

800円

利尻ッ子
刻み昆布やとろろ昆布、イカ、ゴマなどをミックスしたソフトふりかけ。うま味たっぷりでベストセラーに。 Ⓔ

4800円

純粒うに
甘塩でひと晩漬け込んだ利尻産のウニを瓶詰めに。とろりと濃厚な味わい Ⓘ

500円

礼文出汁昆布
礼文島の西海岸で取れた昆布を一枚一枚天日干しした上質な昆布 Ⓛ

486円

と33昆布
利尻産昆布をプレスしてミクロの厚さに削った昆布。香り、口どけのよさは1級 Ⓕ

1380円

利尻昆布
利尻昆布で水揚げされた天然昆布。水揚げしたその日に天日干しされ、さらにひと冬寝かせてうま味を増した上品な味わい。 Ⓔ

293円

利尻昆布そば
利尻昆布を練り込んだ風味豊かなそば Ⓐ

950円

OUTDOOR SPICE 楽
昆布漁師から直接買い付けた利尻昆布をメインに、ガーリック、ブラックペッパーなどを配合したミックススパイス Ⓗ

350円

800円

島限定の味
隠れた定番! ドリンク&スイーツ

ユニークな島の味も見逃せない。ここにしかない味は現地で忘れずにトライ。

1800円

ドリップコーヒー
（5袋入り）
利尻山をイメージしたオリジナルブレンドコーヒー。クリアな味わいが特徴 ©

利尻昆布まんじゅう
天皇陛下来島の際に献上された、利尻昆布の粉末を生地に練り込んだまんじゅう Ⓝ

ミルピス
知る人ぞ知る利尻島内唯一の自家製乳酸飲料。瓶の持ち帰りは＋50円 Ⓙ

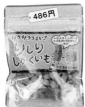
486円

りしりしかくいも
北海道産ジャガイモと利尻昆布だしを使用したサクサクスナック Ⓐ

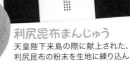
150円

礼文まんじゅう
40年超のロングセラー。北海道産あずきの自家製あんこが上品な甘さ Ⓚ

各280円

利尻プリン （左）メープル（中）クマザサ（右）ゴマ
昔ながらの味わいの素朴なプリン。お茶のようなさわやかな香りのクマザサがいち押し Ⓖ

さりげなく個性的!
キュート♥ Tシャツ&雑貨

記念に買った自分みやげは、帰ってからも使いたい! 個性的&おしゃれなアイテム大放出。

3630円

1650円

利尻山ニットキャップ
Mt.RISHIRIのタグがポイントのニットキャップ。伸縮性に富みかぶりやすい Ⓑ

口コミで話題の超人気商品!

各1100円

3500円

モンベル利尻オリジナルTシャツ
アウトドアメーカーのモンベルとさとう商店のオリジナルTシャツ。5色展開でサイズはS～XLまで4種類を展開 ©

680円

利尻山ハイキングソックス
利尻山と標高が描かれたハイキング用靴下。デザインも質もグッド Ⓑ

Konbuhoshi style Tシャツ
バンクシー!? と思いきや、干しているのはなんと昆布! CHICO GARAGEオリジナルTシャツ Ⓗ

1500円

チコ紋様今治タオル
利尻山、昆布、海と風、そして波をイメージしたオリジナルハンドタオル Ⓗ

利尻・礼文マグネット
利尻島と礼文島をかたどったマグネット。旅の思い出をこれで貼っておきたい Ⓗ

RISHIRI KOMBU Key Ring
昆布の形をしたキーリング。売り上げの一部は利尻島の機関か環境保護団体に寄附される Ⓗ

980円

490円

300円

マスキングテープ
ハートランドフェリーが描かれたマスキングテープ。船好きへのおみやげに ⓄÃ

ぐるっぴー
ゼンマイを回すと動き回るハートランドフェリー。テーブルの端などにくると向きを変え落ちないので合格祈願にも人気とか Ⓞ

ここで買えます!

最北の島の
恵みを堪能〜！

絶対
食べたい

島グルメ

四方を海に囲まれた島は、なんといっても魚介が
自慢！取れたてのウニやホタテは、もはや別物。
心ゆくまで、島の味を堪能しよう。

絶対食べたい！

厳選
島の味

新鮮な海の幸を、各店が工夫を凝らしてアレンジ。
素材の魅力に加え、さらにワンランク上の味わいに。
絶対外せない、おすすめメニューはこちら。

ホッケハンバーガー
700 円
島で取れたホッケをミンチにし、揚
げたサクサクパテが絶品。
● Dining Cafe 海→ P.97

だしスープカレー
1500 円
らーめん味楽の利尻産昆布だし
と鶏だしを合わせた極上スープ
がやみつきに。
● Soup curry dining
UNBALLON → P.25

昼すぎには
売り切れる
超人気メニュー

焼き醤油らーめん
950 円
利尻昆布だしにガラスープをブレン
ドし焦がし醤油でまろみをプラ
ス。ミシュランビブグルマン選出
の実力店。
●利尻らーめん味楽→ P.77

ホタテフライカレー
1500 円
スパイシーなカレールーに、鬼脇から毎朝仕入れ
る新鮮な丸ごとホタテフライをオン。
●グランスポット→ P.66

岩のりラーメン
1500 円
礼文島西海岸で取れる寒のりをたっぷりと使用した、
磯の香りが引き立つラーメン。
●さざ波→ P.93

ほっこり！

絶品
島スイーツ

町歩きの休憩に、ハイキングのあとに、
甘い物を食べるなら、こだわりのスイーツを狙って！

愛す利尻山
580 円
アイスの上に乾燥ウニと
昆布塩をトッピング。ほ
のかな塩味が新感覚。根
昆布で作った特製スプー
ンでどうぞ。
●北利ん道→ P.38

TUSKI カフェソフト
600 円
ウサギが乗ったとってもキュート
なクリーミーなソフトクリーム。
● TSUKI CAFE → P.26

ココア **528 円**と
バタークロワッサン **407 円**
にっこりマークがかわいい濃厚でまろやかなココアと
フレッシュバターをたっぷり使ったクロワッサン。カ
フェタイムに。
● PORTO COFFEE → P.26

オホーツク海の宝
満喫！魚介類

日本海の暖流とオホーツク海の寒流が育む
海の味覚をまるごといただき！

つぶ焼き
700円
大ぶりのツブ貝。磯の香りたっぷりのスープまで楽しんで。
●まっちゃんの店→ P.71

うに焼 500円
濃厚なウニは、高温でさっと炙ると香ばしく、うま味が凝縮される。
●わかさんの店→ P.71

刺身の盛り合わせ
1500円
その日のおすすめの刺身の盛り合わせ。
●力丸→ P.24

活ホタテバター焼
550円
身の締まった活ホタテをさっと炙り、バターとともに。
●まっちゃんの店→ P.71

生ホタテ丼 1500円
その日に水揚げされた新鮮なホタテだけを使用。甘味と食感に驚き。
●磯焼亭→ P.65

二色丼
（生ウニ・イクラ）
4000円
濃厚な生ウニとイクラ、人気の2品を贅沢に盛った丼。
●海鮮処かふか→ P.25

人気ナンバーワンの
生うに丼

生うに丼 時価
とろっとした舌触りが特徴の、バフンウニのメスだけを使用。まずは何も付けずに味わってみて。　●さとう食堂→ P.24

見た目も
キレイ♪

真かすべの
唐揚げ
850円
エイの仲間。かすべのなかでも美味といわれる真かすべのから揚げ。
●海鮮処かふか→ P.25

生ハム風
ヌカホッケ
800円
ヌカホッケをスライスしたもの。生ハムのような柔らかい食感でつまみにぴったり。
●福まさ→ P.25

ホッケバッテラ
1100円
炙ったホッケの押し寿司。香ばしいホッケの炙り目が最高。
●福まさ→ P.25

特上寿司 2600円
ウニ、イクラをはじめ、その日の新鮮なネタがずらり。
●武ちゃん寿司→ P.25

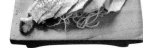

ニシンの昆布〆 600円
ニシンを特産の昆布で締めたもの。脂がのって美味。
●力丸→ P.24

利尻 礼文で人気のレストラン

＼ ウニにホッケ、スープカレーまで ／

刺身やウニはもちろん、ホッケのちゃんちゃん焼きや、北海道名物スープカレーの名店など、島の実力店を紹介。

利尻・鴛泊　力丸（りきまる）

　島の魚介を食べたいならこちらへ。その日の仕入れから新鮮な魚介類が並ぶ。カジカの卵のギスコは 550 円、姫ほっけ 700 円。カウンターと座敷席があり、グループでもくつろげるが、人気店なので夜は要予約。

MAP 折り込み①B1　鴛泊港フェリーターミナルから徒歩約15分　利尻富士町鴛泊栄町　(0163)82-2488
18:00〜23:00　第1・3日曜　駐車場 あり

地元の人も足しげく通う
うまい魚と酒が自慢の店

1 お刺身盛り合わせ 1500 円、ニシンの昆布締め 600 円、焼きダコサラダ 750 円　2 そのほか季節のメニューも。その日のオススメをチェック　3 カウンターで 1、2 品つまんでも　4 個室感覚の小上がり席はゆったりくつろげる

取れたてのウニを
目いっぱいほおばる幸せ

利尻・鴛泊　さとう食堂（さとうしょくどう）

　毎朝仕入れる新鮮なウニを使った生うに丼（時価）が人気。フェリーターミナルの目の前にあり、島に着いたらまずここで腹ごしらえをしてから出かけよう。ラーメンやカレーなどの気軽なメニューも用意。

1 濃厚な甘味がたまらない生うに丼。6〜8 月頃のみの提供　2 広々とした店内。テーブルと小上がりがある　3 表の看板でウニがあるか確認して

MAP 折り込み①D3　鴛泊港フェリーターミナルからすぐ
利尻富士町鴛泊港町　(0163)82-1314
10:30〜17:00頃　不定休　駐車場 なし

最北のミシュラン店「らーめん味楽」が
スープカレー専門店をオープン

利尻・沓形　soup curry dining UNBALLON（すーぷかれーだいにんぐ あんばろん）

　行列のできる名店「らーめん味楽」の昆布スープをベースにした北海道の郷土料理、スープカレー専門店。人気は大ぶりチキンレッグにナスやニンジン、ジャガイモなどがごろごろ入ったチキンレッグ 1500 円。夜は一品料理もあり、お酒とともに楽しめる。

1 しみじみとおいしいスープが人気。辛さはなしから 4 まで選べる　2 おしゃれな店内。夜はダイニングバーにも　3 入口脇には半個室の座敷席もある

MAP 折り込み③C3　宗谷バスターミナルから徒歩約5分
利尻町沓形富士見町60-7　080-9614-1470
11:30〜14:00、18:00〜22:00　水曜　駐車場 あり

地元の人も太鼓判を押す
ちゃんちゃん焼きの名店

フェリーターミナル内で味わう
絶品島グルメ

礼文・香深 炉ばたちどり
ろばた ちどり

囲炉裏がある小上がりとテーブル席があるので、ちゃんちゃん焼きが食べたければ入店時に告げて案内してもらう。目の前で調理される脂の乗ったホッケのちゃんちゃん焼き950円は絶品。ホタテやイカなどその日のおすすめは黒板をチェックして。

1 甘辛い味噌と混ぜて食べる。ご飯が進む！ **2** いかてっぽう焼き950円やつぶ貝400円なども **3** 定食類もあり、手軽に食事を取ることもできる

MAP P.92A11 **交** 香深港フェリーターミナルから徒歩約5分 **住** 礼文町香深村入船 **電** (0163)86-2130 **時** 11:00～14:00、17:00～20:00 **休** 不定休 **駐車場** なし

礼文・香深 武ちゃん寿司
たけちゃんずし

寿司や海鮮丼、ラーメンや定食など、豊富なメニューが揃うターミナル内のレストラン。おすすめはやはり海鮮。寿司は1400円～、いくら丼は3000円。大ぶりのエビを使った海老フライ定食1350円も人気。

1 特上寿司2600円とウニ丼（時価） **2** 広々とした店舗だがフェリー出航前は満席になることも **3** フェリーターミナルの2階にある

MAP P.92A1 **交** 香深港フェリーターミナル内 **住** 礼文町香深村字尺忍 **電** (0163)86-1896 **時** 11:00～18:00 **休** なし（冬期不定休） **駐車場** あり

漁協直営ならではの
豊富な品揃えが自慢

ひと工夫凝らされた
一品料理を味わって

礼文・香深 海鮮処かふか
かいせんどころ かふか

礼文近海で取れた新鮮な魚介類が豊富。店内は広々としており、港を見渡すテーブル席やプライベート感のある小上がり、炉ばたのある席も。寿司は8貫2200円。ウニ丼は5500円。

1 刺身の盛り合わせ1300円。ミニサイズのウニイクラ丼（時価） **2** 港を見渡す開放感あふれる店内 **3** 炉ばたスペースでは目の前で調理してくれる

MAP P.92B1 **交** 香深港フェリーターミナルから徒歩約5分 **住** 礼文町香深村字トンナイ558-1 **電** (0163)86-1228 **時** 11:00～14:00、17:00～21:00 **休** 火曜（10～4月は夜のみ営業。日曜・祝日休み）**駐車場** あり

礼文・香深 福まさ
ふくまさ

ホッケを炙って押し寿司にしたホッケバッテラ1100円や糠ホッケを薄くスライスしていただく生ハム風ヌカホッケ880円などひと手間加えたメニューが揃う。ホッケ丼やたこ天丼（各850円）も美味。

1 仕入れによって内容が異なるため本日のオススメをチェック **2** シーズンにはツブ貝が登場することも **3** テーブル席、カウンター席、小上がりがある

MAP P.92B2 **交** 香深港フェリーターミナルから徒歩約8分 **住** 礼文町香深村字トンナイ558-1 **電** (0163)86-2323 **時** 18:00～21:00 **休** 水曜 **駐車場** あり

☕ 利尻・鴛泊

PORTO COFFEE

ぽると こーひー

利尻の名水を使った
香り高いエスプレッソ

イタリアのシモネリ社製のエスプレッソマシンと利尻の名水を使用して入れたエスプレッソは、しっかりとした苦味とコクがありつつ適度な酸味も兼ね備えた本格派。上質なバターをたっぷり使ったクロワッサン 407 円やプレッツェル 528 円とともに。

MAP 折り込み①D3　交 鴛泊港フェリーターミナル向かい
住 富士町鴛泊字港町　電 (0163)85-7112　時 8:00〜16:30頃
休 なし(11〜4月は月曜、祝日の場合は翌日)　駐車場 なし
URL www.portocoffeerishiri.com

1木のぬくもりあふれる店内 2カプチーノ 550 円やココア 528 円はラテアートもキュート 3ほろ苦いゼリーとチョコレートが絶妙なゼリーラテリッチチョコレート 660 円 4そのほか季節のメニューも

╲╲ のんびり島時間に癒やされて ╱╱
ほっとひと息 島カフェ

フェリーまでの待ち時間やトレッキングのあとに立ち寄りたい、おすすめカフェはこちら。

1牛すじカレーとヘーゼルナッツラテ 500 円 2ソファ席も用意されている 3日替わりでケーキも登場。この日はシフォンケーキ

礼文・香深

Ru-we

るーうぇ

軽食もデザートも用意する
使い勝手のよいカフェ

ウッディな店内でのんびり過ごせる雰囲気。じっくり煮込んだ牛すじカレー 800 円のほか、日替わりケーキ 400 円などスイーツも用意。おにぎりセット 500 円はテイクアウトもできる。Wi-Fi も完備。

MAP P.92A1　交 香深港フェリーターミナルから徒歩2分
住 礼文町香深村958-16　電 (0163)85-7868
時 11:00〜17:00頃　休 水曜(冬期休業)　駐車場 なし

1ウサギがかわいい看板メニューの TSUKI カフェソフト 600 円 2ポップなイラストを目印に訪れて 3夏場はかき氷が登場

利尻・鴛泊

TSUKI CAFE

つきかふぇ

フェリーターミナルから移転し
よりパワーアップしてオープン

フェリーターミナル 2 階からターミナル向かいにリニューアルオープン。以前からの人気メニューサバ出汁みそラーメンのほか、塩ザンギ 600 円、利尻ホッケかまぼこ 500 円なども。

MAP 折り込み①D3　交 鴛泊港フェリーターミナル向かい
住 富士町鴛泊字港町　電 (0163)85-7474　時 11:00〜22:00
休 火曜　駐車場 なし

山と海と清涼な水に育まれた銘酒
最北の酒めぐり

今、島に新たな動きがある。それが酒造りだ。2022年、利尻島沓形に日本最北となるウイスキー蒸留所がオープンした。また、島の名水を使った日本酒も注目。

利尻島に最北のウイスキー蒸留所、利尻蒸留所が誕生

　2022年10月、利尻島沓形の神居海岸パーク隣にカムイウイスキー株式会社利尻蒸留所がオープンした。シングルモルトウイスキーを造る、日本最北の蒸留所だ。オーナーはニューヨーク出身のケイシー・ウォールさん。旅行で利尻島を訪れたケイシーさんはこの地に惚れ込み、ウイスキー蒸留所の建設を決意。6年の歳月をかけて完成させた。蒸留責任者はチリ出身のハビエルさんと、福島出身の田浦さん。そしてウイスキー作りに魅せられて大学を休学し仲間に加わった平山さん。「利尻は山と美しい水があり、おいしいウイスキーができる環境が揃っている。ふるさとのパタゴニアの風景にも似ていて懐かしいんだ」と語るハビエルさん。2022年、初めての原酒をリリース。3年間の貯蔵を経て、2025年からの販売を目指す。

アメリカから取り寄せたポットスチル。年間6000～1万ℓを製造する予定だ

ハビエルさん（左）と
平山さん（右）

カムイウイスキー株式会社利尻蒸留所
MAP 折り込み②A2
URL www.kamuiwhisky.com/jp

右／神居パーク隣の小さな建物が蒸留所　左／ここが将来のショップ。ウイスキーが陳列される予定だ

再始動する島の日本酒に注目

　島の日本酒も近年動きが活発だ。ひとつは利尻・礼文両島の地元の店主たちで立ち上げた「島酒造りプロジェクト」による日本酒「麗峰の雫」。島に地酒がなかったことから新たな名物を、道産の米と利尻山の雪解け水を使って作り上げた日本酒だ。もうひとつが「栄泉」。昭和7年～48年まで利尻富士町で製造されていた日本酒を、郷土資料館の資料をもとに復刻。名水の甘露泉水を使用し、小樽の酒造所で醸造。どちらも島の海産物によく合うすっきりとした味わいが魅力だ。購入は利尻富士町のさとう商店、沓形の津田商店などで。

島の酒を味わってみて！
津田商店
髙橋哲也さん

**麗峰の雫
純米大吟醸
3800円**
口あたりまろやかでフルーティ。天ぷらやチーズなどと合わせても。

**麗峰の雫
特別純米酒
2000円**
すっきりとした淡麗辛口。刺身と相性抜群。

**利尻富士栄泉
2530円**
すっきりとしたなかにもほんのりとした米のうま味を感じる。

花図鑑

利尻 礼文の
花をチェック

高緯度にある利尻・礼文は
高山植物の宝庫。野山を
彩る可憐な花を楽しんで。

利尻島
固有種

リシリヒナゲシ

ケシ科　ケシ属
花期：7月上旬〜8月中旬

日本に自生する唯一のヒナゲシで、
利尻島固有種。7月〜8月中旬ま
で利尻山の9合目から山頂の岩場
に咲く。淡いレモン色の花びらが、
めしべを守るように咲く様子は可憐
で美しい。利尻を代表する花だ。

キバナノアマナ

ユリ科　キバナノアマナ属
花期：4月下旬〜6月中旬

湿原帯から高山帯まで分布。礼文
では春の訪れを告げる花として知ら
れ、山菜としても食用される。

礼文島
固有種

レブンソウ

マメ科　オヤマノエンドウ属
花期：6〜9月

寒さから身を守るため、葉や実が細
かな産毛に覆われている。夏がピー
クだが、9月頃まで咲く。

礼文島
固有種

レブンキンバイソウ

キンポウゲ科　キンバイソウ属
花期：6月中旬〜7月中旬

花びらに見えるのは実はガクで、そ
の中に見えるおしべのようなものが
花びら。

礼文島
固有種

レブンウスユキソウ

キク科　ウスユキソウ属
花期：6月中旬〜7月中旬

純白の清楚な花で、礼文町の町花。
エーデルワイスの仲間で、海岸線近
くで見られるのは珍しい。

チシマフウロ

フウロソウ科　フウロソウ属
花期：6〜8月

薄紫色の花が特徴。礼文では花付
きがよく、特に江戸屋山道の大群落
は見応えがある。

タカネナデシコ

ナデシコ科　ナデシコ属
花期：7月上旬〜8月中旬

海岸近くで咲くカワラナデシコの高
山型の種。花弁の切れ込みが深い。
利尻山の山頂付近に咲く。

チョウノスケソウ

バラ科　チョウノスケ属
花期：7月上旬〜8月中旬

通常高山の岩場に群生するが、礼
文では低地に成育する。絶滅危惧
種に指定されており、非常にまれ。

エゾカンゾウ

ユリ科　ワスレナグサ属
花期：5月下旬〜7月上旬

本州のニッコウキスゲ。桃岩山道周
辺では6月下旬がピーク。花の寿
命は2日と短い。

クゲヌマラン

ラン科　キンラン属
花期：5月下旬〜7月上旬

ギンランの変種で距（きょ）がない
のが特徴。レブンアツモリソウの群
生地で見られることがある。

レブンハナシノブ

ハナシノブ科　ハナシノブ属
花期：5月下旬〜6月下旬

カラフトハナシノブのなかでも特に
礼文島に咲くもの。紫色の花びらと
黄色のおしべが美しい。

ノビネチドリ

ラン科　テガタチドリ属
花期：6月中旬〜7月下旬

花は白から赤までさまざま。個体差
があり、大きなものは高さ50cm
以上にもなる。

ミヤマキンポウゲ

キンポウゲ科　キンポウゲ属
花期：6月中旬〜7月下旬

花弁は2cm程度と小さいが、光沢
があり鮮やかで、登山道でひときわ
目を引く。

礼文島
固有種

レブンアツモリソウ

ラン科　アツモリソウ属
花期：5月下旬～6月中旬

ランの女王ともたたえられる。個性
的な美しさと希少性から盗掘被害
がひどく、一時は絶滅の危機に瀕し
ていたが、パトロールの強化などで
徐々に回復しつつある。礼文島北部
のアツモリソウ群生地で見られる。

どうして海抜0mから高山植物が育つの？

約1万年前の氷河期の終わり、
水面上昇にともない南下していた
寒地の植物が礼文島に取り残さ
れた。北緯45度という立地に加
え、大陸からの冷たい風が利尻・
礼文に高地のような気候を作り、
本州では標高2500mに生育する
高山植物が、利尻山では800m、
礼文岳では350mで生育する特
異な島となっている。

ツバメオモト

ユリ科　ツバメオモト属
花期：6月中旬～7月下旬

白い小さな花のあとに、瑠璃色に色
づく実をつけ、それがツバメの頭に
似ていることからその名がついた。

利尻島
固有種

ボタンキンバイ

キンポウゲ科　キンバイソウ属
花期：6月中旬～7月下旬

オレンジの花弁に赤いおしべが目
印。シーズンには利尻山9合目から
上部に大群落をなし、壮観だ。

チシマリンドウ

リンドウ科　リンドウ属
花期：7月下旬～8月上旬

利尻山山頂付近と礼文島に分布。
高さ10cmほどで、茎の上部に紫
色の花が咲く。

リシリリンドウ

リンドウ科　リンドウ属
花期：7月下旬～8月上旬

チシマリンドウとほぼ同じ時期に咲
くが、より青みがかった花が特徴。
高さは15cm程度。

利尻島
固有種

リシリアザミ

キク科　アザミ属
花期：7月下旬～8月上旬

利尻島南部の海岸に咲くアザミ。チ
シマアザミが下向きに花をつけるの
に対し、この種は上向き。

リシリオウギ

マメ科　ゲンゲ属
花期：7月下旬～8月下旬

乳白色の花が5～10個ほど連なり、
下向きにつく。利尻で発見されたが、
北海道、本州にも分布している。

リシリソウ

ユル科　リシリソウ属
花期：7月下旬～8月下旬

日本国内では利尻・礼文にのみ分
布。礼文島の桃岩山道周辺で花を
つける様子が見られる。

リシリブシ

キンポウゲ科　トリカブト属
花期：7月下旬～8月上旬

カラフトブシの変種。トリカブトの仲
間なので、根に毒をもつ。美しい藍
色の花を咲かせる。

ウンラン

ゴマノハグサ科　ウンラン属
7月上旬～8月下旬

海岸の砂地に這うように生える。葉
は肉厚で白みをおびた緑色。中央
が白い花はマメ科の植物に似る。

トウゲブキ

キク科　メタカラコウ属
花期：7月上旬～8月下旬

海岸線から高山の草原まで幅広く
群落をつくる。頭花は4～5cmで
黄色の花が7～12個集まる。

レブントウヒレン

キク科　トウヒレン属
花期：7～8月

小形で高さは5～13cmほどだが、
筒状の花が集まる頭花は全体のバ
ランスから比べ大きく目立つ。

ハンゴンソウ

キク科　キオン属
花期：7～9月

お盆の頃をピークに、草原では草丈
50cmほど、湿地では2mほどの
高さの群落を形成する。

コースの開拓とガイドの育成を兼ねて自身も積極的に冬山に入る

遊びの達人来ム！

島の子供たちが島のことを好きになり
「ガイドになりたい」と
思ってくれたら最高ですね

利尻自然ガイドサービス 渡辺 敏哉さん
（わたなべ としや）

上／利尻山には600回以上登ったがまだまだ発見の連続 下／カヤックツアーは渡辺さんいち押し

外に出て初めて気づく 島の自然の懐の深さ

「島のアウトドアのことを知りたいなら彼のところへ行けばいい」そんなうわさを聞いて渡辺さんの元を訪ねた。「いやいや、島の自然はあまりにも深過ぎる。まだまだ勉強中ですよ」そう屈託なく笑う渡辺さんは利尻島生れ。実は、この自然豊かな利尻にあって、初の島出身のガイドだ。

「ニシン漁の時代から、利尻はよそから来た人間の集まりなんです。その後、最初に利尻の自然の魅力に注目したのも島外の人。島の人間は

生きるのに精一杯で、自然に興味をもつ余裕がなかったのでしょう（笑）」

そんな渡辺さん自身、サーフィン目的で各国を訪れるうちに、あらためて島の自然の偉大さに気がついた。

「生まれた島のことをもっと知らなければ」利尻に戻り夢中で山や海を探検するうちに、資源の宝庫だと気づく。山ばかりが注目されてきたが、釣りもサーフィンも1級だ。透明度の高い海はカヤックもおもしろい。ガイドの資格を取り、花や鳥について懸命に学んだ。

島を身近にするために 1年中遊べる島にしたい

「島の抱える問題のひとつに全体的な値段が高いことがあります。島の観光業は6〜9月に集中しています。この時期に1年分稼がなきゃならないので、どうしても価格を上げなくちゃならない」

そこで渡辺さんが目をつけたのが、冬山を利用したバックカントリースキーだ。山の中を滑走するワイル

ドなスキーは、近年人気急上昇中。パウダースノーの上を海に向かって滑走していく体験は、海と山が近い利尻ならではだ。圧倒的なスケールを求めてすでにリピーターも多い。

「1年中観光業が成り立てば、全体的に値段が下がり、多くの人が気軽に来られるようになります。そのためには自分たちが島の魅力を発掘しなくては」

島の子供たちに自然の楽しさを教えることにも意欲的だ。「島って楽しい、島で生きることがかっこいい。そういう子供たちが出てきてくれたらとてもうれしいですね」

渡辺さんの挑戦は今日も続く。

日本最北の百名山を一気に滑走！

タイプ別、おすすめルートをご紹介

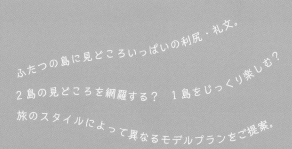

利尻 礼文の巡り方
Recommended Routes

ふたつの島に見どころいっぱいの利尻・礼文。

2島の見どころを網羅する？　1島をじっくり楽しむ？

旅のスタイルによって異なるモデルプランをご提案。

ふたつの島のいいとこどり!!

2泊3日

利尻 礼文 2島巡り

ふたつの島を効率よく巡るなら、見どころをおさえた観光バスを利用して。
夏場ならば沓形～礼文を結ぶフェリーを利用して時間短縮!

1日目 利尻から観光スタート! 観光バスに乗車してぐるりと1周

- ① 9:10 観光バスで絶景巡り
- ② 13:00 ランチはウニを堪能
- ③ 14:00 ペシ岬ハイキング♪
- ④ 17:00 夕日ヶ丘展望台へ
- ⑤ 19:00 海鮮づくしのディナー

利尻へ
ようこそ!

新鮮なホタテは
絶品です!

2日目 バスで沓形へ移動し、フェリーで礼文へ向かう

- ⑥ 9:30 海藻押し葉体験
- ⑦ 11:25 フェリーで礼文へ
- ⑧ 12:20 鮮魚のランチ
- ⑨ 14:05 観光バスで礼文巡り
- ⑩ 17:00 温泉でのんびり

礼文島は
花の宝庫

海藻押し葉の
アクセサリー

3日目 映画のロケ地巡りで礼文の郷土文化を知る

- ⑪ 9:00 映画の舞台へ
- ⑫ 10:00 香深まで散歩
- ⑬ 10:30 郷土資料館を見学
- ⑭ 11:40 最後のウニを堪能
- ⑮ 12:55 稚内行きのフェリーへ

小百合さんと
記念撮影

1日目 9:10 [バスで3時間30分] → 13:00 徒歩5分

1 観光バスで利尻を1周し 点在する絶景を巡る

1周60kmの利尻島。見どころは島内全体に点在している。5～9月は島を1周しながらスポットを巡る観光バスが便利。→ P.125

姫沼から眺める雄大な利尻山

2 最初の食事は 島産のウニを堪能

まずは、ウニを味わいたい! フェリーターミナル前の老舗食堂で絶品生うに丼をほおばる。「さとう食堂」→ P.24

口の中でとろけるウニ

2日目 9:30 [フェリーで40分] → 11:25 徒歩すぐ

6 海藻押し葉で 旅の思い出を作る!

「島の駅利尻」で島の海岸に打ち寄せられた海藻を使った自分だけのアイテムを作ってみては?→ P.60

海藻押し葉は不思議な風合い

7 沓形港から礼文へ 40分のクルージング

利尻第2の港、沓形港から礼文島までは6～9月限定でフェリーが運航している。1日1便なので時間に気をつけて。

沓形から礼文島までは直線で14km程度

3日目 9:00 徒歩45分 → 10:00 徒歩5分

11 吉永小百合主演の映画 『北のカナリアたち』の舞台へ

2012年公開の吉永小百合主演の『北のカナリアたち』のロケ地には、撮影セットが残り映画の世界そのまま!→ P.88

ロケ地は「北のカナリアパーク」として営業

12 香深まで漁師町を眺めながら ぶらぶらお散歩

バスの時間がうまく合わなければ、香深までぶらぶら歩いてみよう。ほぼ下り道なのでそうつらくないはず。

フェリーターミナルまでは4km弱!

プランニングのコツ

観光バスの時間をチェック！

宗谷バスが運行する定期観光バスは5〜9月の期間限定。季節により出発時間が変わるので時間を確認しておこう。

14:00 — 車で10分 🚗 → **17:00** — 車で10分 🚗 → **19:00**

3 鴛泊港のランドマーク ペシ岬の頂上へ

鴛泊港の脇にそびえるペシ岬。標高93mの頂上へは遊歩道があり、往復30分ほど。展望台からは町を一望できる。→ P.64

ペシ岬は鴛泊のシンボル

4 礼文島まで見晴らす 利尻きっての夕日の名所

標高55mの所にある展望台。利尻山の山頂から裾野まで、全景を見ることができる。「夕日ヶ丘展望台」→ P.64

付近はウミネコのコロニーになっている

5 島の海の恵みに感動！ 海鮮づくしのディナー

宿泊先が夕食付きでなければ、島の魚介を使った料理が豊富な居酒屋「力丸」へ。島の人も絶賛する名店だ。→ P.24

カジカの卵など珍味にもトライ

12:20 — バスで1時間 🚌 → **14:05** — バスで1時間 🚌 → **17:00**

8 ターミナル内の食堂で 極上のウニや寿司に舌鼓

香深港フェリーターミナル2階にある「武ちゃん寿司」。極上のネタを使った特上寿司でランチタイム。→ P.25

ウニ丼も人気メニュー

9 観光バスに乗車して 花の浮島、礼文巡り

観光バスに乗って、島の最北端、「スコトン岬」へ。高山植物に彩られた大地と青い海のコントラストにため息！→ P.99

澄み切った水をたたえる澄海岬

10 秀峰利尻富士を望む 極上の天然温泉

源泉掛け流しの天然温泉「うすゆきの湯」。透き通ったお湯は、神経痛や疲労回復に効果的。→ P.93

露天風呂から眺める利尻富士も自慢

10:30 — 徒歩10分 🚶 → **11:40** — 徒歩5分 🚶 → **12:55**

13 郷土資料館で 礼文の歴史を知る

礼文町の歴史や自然、暮らしについて解説、展示する資料館。船泊から出土した貴重な遺跡なども展示されている。→ P.93

本州とは異なる歴史を知ろう

14 最後のランチは やっぱり海鮮！

島旅最後の食事は港近くの「海鮮処かふか」で。豪勢にウニ丼でもよし、ホッケ定食に焼きウニをオプションで付けても。→ P.25

海鮮丼や刺身、ホッケなども

15 名残惜しい 島とのお別れ！

フェリーに乗って稚内へ向かう。港には大勢のお見送りが。いつかまた帰ってくるぞー！と誓って、島とお別れ。

姿が見えなくなるまで手を振って

タイプ別
モデルプラン
2

日本最北の百名山を制覇！ 2泊3日

利尻山登山プラン

「利尻富士」の呼び名をもつ美しい独立峰にして、日本最北の百名山。
登山愛好家ならば、一度は登りたい麗峰を目指す。

1日目
利尻島に到着。
翌日の登山に備えて準備を整える

① 12:40 鴛泊港に到着
② 13:00 お待ちかねの海鮮丼
③ 14:00 ペシ岬ハイキング♪
④ 16:00 登山用品の買い出し
⑤ 17:00 早めに夕食

2日目
いよいよ憧れの山へ
早朝の出発が鍵

⑥ 4:00 夜明けとともに出発
⑦ 5:00 登山スタート
⑧ 8:00 6合目に到着
⑨ 11:00 9合目。あと少し！
⑩ 12:00 利尻山の山頂へ！
⑪ 17:30 温泉で疲れを癒やす

登山の途中に
お花がいっぱい

3日目
鴛泊の町に歴史あり。
のんびり歩けば発見いっぱい

⑫ 10:00 カルチャーセンターへ
⑬ 11:00 おみやげ探し
⑭ 12:00 カフェでひと休み
⑮ 14:30 稚内へ出発

1日目 12:40　徒歩すぐ →　13:00　徒歩10分 🚶

① 鴛泊港に到着！登山情報をチェック

フェリーターミナルには登山道の状態や危険箇所、高山植物の開花情報などが掲示される。ここで最新情報をゲット。

登山届け、携帯トイレも手に入れよう

② 朝取れのホタテたっぷり海鮮丼のランチ

ウニだけでなく、利尻島は海鮮全般が絶品だ。朝取れのホタテは甘味、歯応えが別格。「磯焼亭」→ P.65

ほんのり透ける乳白色のホタテ

2日目 4:00　車で10分 🚗 →　5:00　徒歩3時間 🚶

⑥ 往復9時間を想定し早めの出発

往復15kmの長丁場。なるべく朝早く出発しよう。夜明けとともに出るのが正解。夏場ならば4時前起床を目指して。

山の天候状態を確認し出発

⑦ 登山届けを提出し登山スタート！

登山口で登山届けを提出したらいざ登山スタート。途中バテないよう、なるべく一定のペースを心がけて。

最初は舗装された道を行く

→ 17:30　　　　**3日目** 10:00　徒歩10分 🚶

⑪ 下山し、利尻富士温泉で1日の疲れを癒やす

登山道入口にある日帰り温泉施設「利尻富士温泉」へ。ナトリウム塩化物泉で疲労回復効果抜群だ。→ P.65

筋肉の張りをしっかりほぐそう

⑫ 資料館で利尻の歴史や郷土文化を知る

カルチャーセンターでは利尻富士を描いた絵画を展示。りっぷ館には漁具の展示や昔の暮らしを再現したコーナーがある。→ P.64

利尻山についての展示も豊富

利尻山 ▲

利尻島

登山の行動食はコンビニで

長時間の登山には、十分な水と行動食が必要だ。セイコーマートでは、おにぎりやお弁当のほか、機能性携帯食品も揃う。

14:00 　　　　　徒歩15分 → **16:00** 　　　　　徒歩10分 → **17:00**

3 明日の登山に備えて
ウオーミングアップ

明日のアタックに備えて「ペシ岬」で軽く体を動かしておこう。往復30分ほどのトレッキングはちょうどいい距離。→ P.55

展望台から利尻山にあいさつしておこう

4 忘れ物はない?
登山に備えて買い出しへ

セイコーマートやホームセンターにはガス缶やガソリンが揃う。安全で快適な登山のために最後のチェック。

飛行機で持ち込めない燃料系はここで

5 地元の人気レストランで
早めの夕食

地元で評判の洋食店。鬼脇産のホタテをカラリとあげたホタテカレーやカツ定食などが人気。「グランスポット」→ P.66

明日に備えてスタミナをつけよう

8:00 　　　　　徒歩3時間 → **11:00** 　　　　　徒歩1時間 → **12:00** 　　　　　徒歩4時間

8 視界のよい6合目に到着
まだまだ先は長い

5合目を過ぎたあたりからようやく視界が開けてくる。まだまだ先は長いがここで少し休憩をとって後半に備えよう。

体を冷やさないよう上着を調節

9 9合目に到着
ここからが本当の正念場!

眼下に海を見下ろす9合目。実はここからが本当にしんどい。頂上まで標高差約300mを一気に登る。

爽快な眺めに元気づけられる

10 感動のゴール!
日本最北の百名山を制覇

苦しい行程を乗り切り登頂。達成感に包まれてランチタイム。帰りも長いので、ランチをとったら下りの準備を。

道中のつらさがすべて吹き飛ぶ瞬間

11:00 　　　　　徒歩5分 → **12:00** 　　　　　徒歩すぐ → **14:30**

13 港周辺でおみやげ探し
Tシャツも要チェック

おみやげが揃う「さとう商店」へ。いち押しはオリジナルモンベルTシャツ。奥には島の日本酒もある。→ P.67

利尻島の復刻日本酒も手に入る

14 出発の時間まで
港前のカフェでまったり

フェリーまでの時間はターミナル向かいの「PORTO COFFEE」へ。本格的なラテやスイーツが絶品。→ P.26

テイクアウトもできる

15 絶景の利尻富士を眺めながら
フェリーで稚内へ

名残惜しいけれど帰途に就く。船から眺める利尻山も美しいのでぜひ甲板へ出て、島の優美な姿を目に焼き付けよう。

フェリーは3隻就航。アマポーラが最新だ

真っ青な海に浮かぶ花の島を満喫

2泊3日

礼文島絶景巡り&ハイキング

なだらかな周氷河地形や海食によって生まれた切り立った断崖、
その大地を優しく覆う可憐な花々を求めて、花の浮島へ。

1日目 礼文を代表する北部の絶景を訪ねる 総距離 車 約75km

1 **13:00** レンタカーを借りる
2 **13:15** ほっこりおいしいランチ
3 **14:10** アザラシに遭遇
4 **14:20** スコトン岬へ
5 **15:30** 花が彩る澄海岬へ
6 **19:00** 炉端焼きディナー

トド串も
おいしいよ

ウニが味わえるのは
5～9月頃のみ

2日目 礼文島最高峰の礼文岳へハイキング 総距離 車 約21km

7 **10:00** 礼文岳登山スタート
8 **12:00** 頂上でランチ
9 **14:00** 無事下山
10 **16:00** 温泉でさっぱり
11 **18:00** 人気の和食店へ

3日目 秘境ムードあふれる島の西側へ 総距離 車 約17km

12 **9:30** 桃みたいな岩！
13 **10:00** 神々しい地蔵岩を見る
14 **10:10** 木彫りをゲット
15 **10:40** 映画のロケ地へ

メノウ浜で
会いましょう

1日目 **13:00** 車で8分 → **13:15** 車で20分

1 フェリーターミナル前でレンタカーを借りる

レンタカーは最低3時間から1時間単位で借りることができる。必要な時間だけ利用することができるので便利。

島にあるのはほぼ軽自動車

2 最北のキッチンでていねいな洋食に舌鼓

北に向かう途中の「最北のキッチンKITAMUJIRO」で腹ごしらえ。オムライスなどの洋食がおいしい。→ P.94

島の人々も通う洋食店

→ **19:00**

6 炭火で焼き上げる絶品ちゃんちゃん焼き

地元でも有名な北海道の郷土料理、ちゃんちゃん焼きの店。脂の乗ったホッケは島ならでは。「炉ばた ちどり」→ P.25

日本酒がついつい進んでしまいそう

2日目 **10:00** 徒歩2時間

7 標高490mの礼文でいちばん高い山を目指す

利尻山と比べるとかわいらしく感じるが、利尻山を眺めながらの尾根歩きは、爽快だ。登山靴と行動食を準備して。→ P.84

ハイマツの茂る高山帯の景観

→ **18:00**

11 腕の確かなご主人が作る和食を堪能

夕ごはんは「福まさ」へ。ホッケバッテラなど、ひと手間かけたメニューが人気だ。→ P.25

島の素材がたっぷり味わえる

3日目 **9:30** 車で20分

12 溶岩が固まってできた岩は本当の桃のよう！

島の南西は、まさに礼文の秘境ともいえる場所。名物ユースホステル「桃岩荘」の近くには、桃のような「桃岩」が。→ P.97

反対側の沖には猫岩もある

礼文岳

プランニングのコツ

路線バスを活用する手も

がんばれば、観光バスや路線バスを使って島を巡ることも可能。路線バスは、フリー区間が多く、手を挙げて乗降を伝える。

→ 14:10 　　車で25分 →　**14:20** 　　車で25分 →　**15:30** 　　車で1時間 →

3 ドライブ中に アザラシに遭遇！

「金田ノ岬」周辺では浅瀬でくつろぐアザラシを見ることができるかも。ピンとしっぽをあげてこちらを眺める姿がかわいい。→ P.99

スコトン岬やトド島付近でも合えるかも

4 藍色に輝く 礼文最北端の岬へ

爽快な海岸線の絶景ドライブの終点は「スコトン岬」。真っ青な海に吸い込まれそうだ。対岸に見えるのはトド島。→ P.99

岬の手前の売店の昆布ソフトを食べながら散策

5 花々に彩られた 美しい弧を描く湾

西海岸には絶景が多いが「澄海岬」は車で行ける西海岸きっての絶景。澄んだ水が輝き、たとえようもなく美しい。→ P.99

スコトン岬とはまた違う表情を見せる

12:00 　　徒歩1時間30分 🚶　**14:00** 　　車で25分 →　**16:00** 　　車で1分 →

8 ダイナミックな展望を誇る 頂上でランチ

頂上は360度のパノラマを誇り、晴れた日には利尻山はもちろん、サハリンまで見えることも。景色もごちそうだ。

片道2時間の手頃な登山

9 吹き抜ける風をほおに感じつつ 軽快に下る

下りは1時間20分ほどを予定しておこう。危険な部分はあまりないが、根っこに足をとられることも。慎重に下ろう。

ひざを痛めないよう慎重に！

10 登山の疲れは 源泉掛け流しの湯ですっきり

礼文唯一の天然温泉施設「うすゆきの湯」。ニシン番屋をモチーフとしていて、ジャクージ、サウナも備える。→ P.93

湯上がりに使える休憩スペースもある

→ 10:00 　　車で10分 →　**10:10** 　　車で20分 →　**10:40**

13 お地蔵様が降臨した!? 切り立った奇岩「地蔵岩」

メノウの原石が打ち寄せる「メノウ浜」の向こうには、神々しい地蔵岩がある。まるでお地蔵様が手を合わせてみたい！→ P.97

浜を探せばメノウが見つかるかも

14 ひとつずつ手作りの アイヌの木彫りを手に入れる

メノウ浜には2軒の木彫りの店がある。「創作木彫」のフクロウの木彫りは幸運を呼ぶと評判だ。→ P.97

魅力的な木彫りがずらり

15 映画のロケ地 「北のカナリアパーク」へ

吉永小百合主演の映画『北のカナリアたち』の映画のセットが保存された場所。撮影の様子のパネル展示も。→ P.88

映画の世界に迷い込んだよう

利尻 礼文
島人インタビュー **2**
Islanders' Interview

「何か新しいことやりたいね」って
ウニむきしながら
家族会議をしていました

北利ん道　代表　平川 智春さん
（きたりんどう）　　（ひらかわ ちはる）

上／看板メニュー、愛す利尻山
は580円　左／うに珍味や塩、
昆布などのおみやげも販売

家族会議から生まれた
乾燥ウニのアイデア

　以前はごく一般的な主婦だったという平川智春さん。ある日偶然見かけたテレビ番組が、「いつか新しいことをやりたい」とくすぶっていた心に一気に火をつけた。

　「それはある女子高生の話題でした。その子がご当地の"おから"を使ってアイスを作ったという話で、『それなら利尻はウニと昆布だ！』とひらめいたんです」

　手始めにバニラアイスに生ウニを添えてみたが、そのままではバニラが勝ってウニの風味が消えてしまう。そこで考えたのが「乾燥ホタテのように、ウニも乾燥させればうま味が凝縮されるはず」というひとつの仮説。以来、扇風機乾燥、ドライフルーツ用の食品乾燥機と試作を繰り返したが、なかなか道が拓けない。漁師の父からは「これで実験してみろ」とウニを何度となく提供してもらい、忙しいときには夫が家事をサポート。

ウニむきの作業場は家族揃っての作戦会議場となっていた。

　そして構想から実に９年、急速乾燥させることで、ようやくうま味が凝縮した乾燥ウニを作ることに成功したのである。

熱意と夢の結晶が
「愛す利尻山」に

　2009年、ウニアイスを引っさげて念願の店舗「北利ん道」をオープンさせてからも、平川さんのオリジナル商品開発の探求は続いた。2014年には昆布の表面から抽出した塩、根昆布から作られたスプーンの特許を取得。それらに先行して特許を取得済みだった乾燥ウニを合わせ、３つの特許品がてんこ盛りのアイス「愛す利尻山（あいすりしりざん）」がここに完成したのであった。

　見た目のインパクトと３つの特許の話題性、それにほかで味わったことのないその風味や食感は観光客に大好評。北利ん道発の風変わりなアイスは、またたく間に利尻の名物

スイーツへとその知名度を上げていったのである。

　それにしても、なぜこれほどまでに特許や商品開発にこだわったのだろう？　疑問をぶつけると平川さんは笑ってこう答えた。

　「アイデア商品に興味があって、何かで特許を取ってみたいと思っていたんです。ミーハーな主婦の憧れというヤツで……」

　拍子抜けするほどの個人的な事情に、つくづく「愛す利尻山」は平川さんの夢の結晶なのだと再確認。日々行われる"家族会議"から、次はどんなアイデア商品が生まれてくるのか。これからも北利ん道から目が離せない。

北利ん道
MAP 折り込み③ C2　住 利尻町香形緑町4-5　電 090-5988-2784　時 10:00 〜17:00　休 木曜

さて、島にきて何をしましょうか？

利尻 礼文の遊び方
How to Enjoy

登山やハイキング、サイクリングにシーカヤック……

大自然を舞台にした島のアクティビティをご紹介。

雨の日は、カルチャー体験もおすすめです。

孤高の名峰利尻山をはじめ
ダイナミックな絶景が島を彩る

利尻島 NAVI

標高 1721m の利尻山を中心とした、
1 周約 60km のほぼ円形の島。島を一周しながら、
さまざまな角度から利尻山の勇姿を楽しんで。

島で～た

面　積	182.11km²	
海岸線	117km	
最高標高	1721m (利尻山)	
人　口	4154 人	
	(2022 年)	

夕日ヶ丘展望台
高台にある展望台。海越
しの礼文島を望む。

沓形 (くっがた)
島西部に位置する第2の町。夏場の
み礼文島とのフェリーが発着。徒歩
圏内にホテル、飲食店、商店がまと
まり居心地がいい。

P.74

利尻島への行き方 ・詳しくは P.122

フェリー
稚内からフェリーが就航。
所要 1 時間 40 分。礼文
島へは所要 45 分。夏場
は沓形港と礼文を結ぶ便
もある。

飛行機
札幌丘珠空港から利尻空
港まで JAL が 1 日 1 便運
航 (夏期は増便)。夏は稚
内から ANA が 1 便運航。

島内交通
島内の移動はレンタカー
かバスで。時間に余裕が
あればバスで島 1 周をす
ることも可能だ (→ P.58)。

P.70

仙法志 (せんほうし)
島南部の集落。利尻富士の勇姿
が望める仙法志御崎公園周辺に
は特産品を売る商店がある。

地図内表記

香深港　約45分　稚内港
約40分　約1時間40～50分
鴛泊港
沓形港

利尻富士町役場
夕日ヶ丘展望台
ペシ岬
利尻空港
鴛泊港フェリーターミナ
鴛泊
折り込み MAP① 鴛泊中心部
106
利尻山登山口　ポン山
鴛泊コース
仙法志御崎公園
サイクリングロード
沓形港
フェリーターミナル
見返台園地
沓形
利尻町役場
折り込み MAP③ 沓形中心部
沓形
町運動公園
神居海岸パーク
利尻町
折り込み MAP② 沓形広域
N
0　1　2km
108
仙法志御崎公園

鴛泊
（おしどまり）

フェリーターミナルがある島の中心地。大型ホテルや飲食店などが集まる。

利尻山
日本最北の百名山。海から立ち上がるようにそびえる、利尻島のシンボル。

ペシ岬
鴛泊港の脇に立つ高さ90mほどの岬。朝日の名所でもある。

鬼脇
（おにわき）

利尻島南東部にある集落。オタトマリ沼、白い恋人の丘など、利尻山の勇姿を望めるスポットが豊富。

P.70

オタトマリ沼
湖とその向こうにそびえる利尻山の雄大な景色が楽しめるスポット。

地図内の表記：
P.63 鴛泊周辺
野塚展望台
108
サイクリングロード
姫沼
利尻富士町
利尻山（1721m）
P.70 オタトマリ・鬼脇周辺
鬼脇
仙法志ポン山
オタトマリ沼

気になる

ベーシックインフォメーション Q&A

濃厚なウニをほおばって！

Q どんな宿がある?

A ホテル、旅館、ゲストハウスなどがある

鴛泊、沓形には大型ホテルがある。温泉を備えた宿も多くゆっくり疲れを癒やせる。また近年ゲストハウスも増えており、予算を抑えたい人に人気。6〜8月は混み合うので必ず予約して出かけよう。

Q 名物料理は?

A ウニやホタテは必食

利尻島、礼文島を代表する味覚といえば、ウニ。昆布を食べて育つといわれる島のウニは絶品だ。ぜひ、どんぶりで豪快に味わいたいところ。ただし近年高騰しており、時価なので値段を確認して。

利尻山を擁する北海の島

利尻を彩る 絶景スポット10

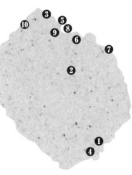

世界でも珍しい360度海に囲まれた独立峰、利尻山。
海岸線から1721mまで一気に立ち上がる雄壮な姿は圧倒的な存在感を放ち、
その周りの雄大な自然とともに人々を引きつけてやまない。

❶オタトマリ沼

MAP P.70B2

利尻山の南側は急峻な尾根が連なり、さながらアルプスの山のようだ。こちらの角度から見た利尻山は北海道のおみやげの定番「白い恋人」のパッケージに使われている。(→ P.71)

❷高山植物

高緯度にある高山には、ほかでは見られない貴重な高山植物が数多く自生する。見頃のピークは6月～7月中旬。登山道に咲き乱れる花々の美しさは必見だ。

❸夕日ヶ丘展望台

MAP P.63A1

小高い丘を登ると、鴛泊の町、反対側の海上にはウミネコの営巣地となっているポンモシリ島があり、その向こうに礼文島が横たわる。(→ P.64)

❹南浜湿原

MAP P.70B2

利尻南部にある湿原。沼の周りには木道が整備され、気軽に花々を観賞しながら歩くことができる。利尻山を望むベストスポットのひとつだ。(→ P.72)

❻姫 沼

MAP P.63B2

周囲 800m ほどの静かな沼。風のない日は湖面に映る逆さ富士が見られることでも有名。周囲には 20 分程度の散策路が整備されている。(→ P.65)

❼昆布干し

甘味やうま味のバランスがよく珍重される利尻昆布。7 ～ 8 月は昆布干しのシーズンだ。晴天の日は、島のいたるところで昆布を干す風景が見られる。

❺ペシ岬

MAP 折り込み① D2

鴛泊の湾のすぐ側にある標高 93 mの岬。頂上の展望台までは片道 20 分ほどの軽いハイキング。(→ P.64)

❽フェリー

島の生活にとって、フェリーはなくてはならないものだ。出入港に合わせて響き渡る汽笛の音、紺碧の海を悠然と進む姿。島にいると、いつも島と外界を結ぶフェリーの存在を意識していることに気づく。

❿夕 日

島の西側には夕日の名所が多い。海に沈む夕日は限りなくロマンティックだ。

❾サイクリングロード

MAP P.40 ～ 41 上

北西部の野塚から西部の沓形まで全長 24.9km の自転車道が整備されている。利尻山の麓の草原やウミネコのコロニーを駆け抜ける爽快な体験を。(→ P.56)

山頂まで
おとひと息だ！

日本最北の百名山

利尻山に登ろう！

標高 1721 mの利尻山。その美しい姿は「利尻富士」とも呼ばれる。
楽に登れる山ではないぶん、頂上に立ったときの達成感は格別だ。

利尻山ってどんな山？

　利尻山の由来は、アイヌ語で「リィ・シリ」＝高い山のある島といわれている。円形の島のほぼ中央にそびえ、頂上に立てば 360 度海を見渡すことができる。海に囲まれた独立峰というのは世界的にも珍しい。いちばんメジャーな登山コースである鴛泊コースは、標高 220mから登山開始。日帰りで標高差 1500 mを登り降りするという、かなりハードなコースだ。十分に装備を整えて臨もう。

高山植物の宝庫

　利尻山は、色とりどりの高山植物が楽しめることでも有名だ。花は 6月中旬から咲き始め 7月下旬までがピーク。毎週異なる花が咲き、目を楽しませてくれる。世界で唯一ここにしかない国有種のリシリヒナゲシは 6月下旬～ 8月上旬に 9合目付近で見ることができる。花の咲く場所は素人にはわかりづらいので、花を目当てに行く場合は、ガイドを頼んだほうがいいだろう。

シーズンは 6～9月

　利尻山が登山シーズンを迎えるのは雪が解ける 6月中旬から、雪が降る 9月下旬まで。短い夏の間に約 1万人の登山客が訪れる。そのため、土日や、7月の 3連休などは、コース中の一部で渋滞が起きたり、トイレ待ちの行列ができることも。調整が可能ならば、なるべく週末はずらそう。また、山の天気は変わりやすい。登山中、急な天候の変化を感じたら無理せず引き返すのも大切だ。

海から立ち上がる姿は雄壮だ

淡い色合いが可憐なリシリヒナゲシ

早い年では 9月下旬に初冠雪を迎える

voice 例えば日本最高峰の富士山は、標高こそ 3776 mあるが、登山ルートのひとつ、古田ルートでは登り口の標高が 2305 m。頂上までの標高差は 1471 mだ。もちろん標高が違うので簡単には比べられないが、標高差だけで言えば、利尻山のほうが大きいのだ。

利尻山(利尻富士) ▲南峰(1721m)
▲北峰
山頂(標高1719m)

9合目(標高1410m)

避難小屋
長官山▲ 8合目(標高1218m)

7合目(標高895m)

6合目(標高760m)

利尻富士町

5合目(標高610m)

鴛泊コース

沓形コース

見返台登山口 P

利尻町

4合目(標高390m)

3合目 甘露泉水(標高270m)

ポン山トレッキングコース

小ポン山▲

▲ポン山

北麓野営場 P

姫沼

0 ────── 1km

▲ 鴛泊コースがメイン

　現在使われている登山道は、鴛泊の北麓野営場からスタートする鴛泊コースと、沓形の見返台園地から登る沓形コースのふたつだが、登山者の9割が鴛泊コースを利用している。沓形コースは、登山道の崩落が激しく危険な部分も。また遅くまで雪が残り、上級者向きだ。利用する場合は事前の情報収集をしっかりと。また鬼脇登山コースは7合目以上は通行止めとなっている。

沓形方面の登山口となる見返台園地

《鴛泊コース標高差》

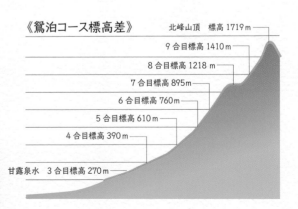

北峰山頂　標高1719m
9合目標高1410m
8合目標高1218m
7合目標高895m
6合目標高760m
5合目標高610m
4合目標高390m
甘露泉水　3合目標高270m

voice もちろん沓形コースは禁止されているわけではないので登るのは自由だ。ただ、道が険しいうえに、沓形コースを利用する人が少ないので万一事故が起こったときに、発見されるのが遅くなる可能性も。くれぐれも単独では登らないように。

鴛泊登山ルートガイド
おしどまり

気合い十分レッツゴー！

高低差 1500m、走行距離往復 15km の鴛泊コース。準備を入念に調えて、日本最北の百名山を制覇しよう。きっとすばらしい思い出になる！

北麓野営場～3合目(甘露泉水)～4合目

舗装された道路を抜けて緩やかな登山道を歩く

北麓野営場に到着したら、登山届けを提出し、準備体操を。持ち物をチェックし靴ひもを結び直したら出発だ。甘露泉水までは舗装されたアスファルトの道を進む。このあたりはエゾマツやトドマツが生い茂る気持ちいいルート。森林浴を楽しみながら進もう。

北麓野営場。登山届けはここで提出

ウオーミングアップ♪
案内表示に従えば道に迷うことはあまりない

必ず提出しよう！

⏱目安タイム **50分**
北麓野営場：標高 220m
3合目(甘露泉水)：標高 270m
4　合　目：標高 390m
標 高 差：170m

外来植物を持ち込まないよう、靴に着いた泥を落とそう

4合目～5合目

森林限界を超え、徐々に急勾配へ

登山道は徐々に勾配がきつくなり、大きな岩が転がる。足元に注意しながら進もう。標高 480m 付近で早くも森林限界を越え、エゾマツやトドマツが姿を消す。その代わりに背丈ほどのササが茂る登山道を歩く。

⏱目安タイム **50分**
4合目：標高 390m
5合目：標高 610m
標高差：220m

4合目の道標。本格的な登山が始まる

つるつる滑る！

木の陰は湿っている。滑らないよう注意

甘露泉水を汲もう！
(かんろせんすい)

日本名水百選に選ばれている甘露泉水。利尻山に降った雨や雪が利尻山で濾過されて湧出したもの。水自体がまろやかで甘味があることからこの名がついた。

この先に水場はないのでここで汲んでいこう

気持ちいい！
冷たい水でのどをうるおして

5合目～6合目

ごろごろ石の転がる登山道

5合目の展望台は絶景だ。ここで少し休憩を取って体力を回復しよう。ここからしばらくは大きな石が転がる足場の悪い道を行く。石を蹴り落とさないよう注意しよう。夏場はダケカンバの枝が茂り、かき分けながら歩くこともある。

わ～絶景だ！

鴛泊の町を見下ろす

⏱目安タイム **30分**
5合目：標高 610m
6合目：標高 760m
標高差：150m

VOICE 朝5時に登山開始し、11～12時に山頂到着というのがだいたいの目安だ。もしも登山開始から8時間経過しても登頂できない場合は、その時点で下山しよう。下りも長いため、日没までに下山できない可能性が出てくる。

6合目〜7合目

植生の変化を楽しみながら 上を目指す

　第一見晴台と呼ばれる6合目は、眺めがよく、晴れた日には礼文島まで見渡すことができる。6合目からしばらく歩くと最初のトイレブースがある。次のトイレブースまで2時間ほどかかるので、ここで用を足しておこう。

だいぶ登った！

⏱目安タイム **40**分

△ 6合目：標高 760m
7合目：標高 895m
標高差： 135m

6合目からの眺め

6合目から10分ほどでトイレブースへ到着

風のある日は強風をもろに受けてきつい

7合目〜8合目

長く高低差の大きな 厳しいコース

　コース上最も長くつらいのが、この7〜8合目。その標高差、323m。前半は単調な登山道だが、後半、岩場の登山道が続く。エネルギー切れにならないよう、栄養と水分補給をしつつ、ペースを乱さず登ろう。8合目に到達すると、いよいよ山頂が姿を現す。

⏱目安タイム **60**分

△ 7合目：標高 895m
8合目：標高 1218m
標高差： 323m

北海道長官、佐上信一の歌碑

頂上はまだ先

8合目から山頂を見上げる

8合目〜9合目

唯一の避難小屋と "正念場"を迎える

　しばらく緩やかな登山道を登ると無人の避難小屋がある。体調が思わしくない場合はここで休憩を取り、回復しないようなら引き返す勇気を。避難小屋を過ぎるといよいよ高山植物の咲くエリアに入る。

稜線歩き！

木の階段は雨天時、滑りやすいので注意

⏱目安タイム **60**分

△ 8合目：標高 1218m
9合目：標高 1410m
標高差： 192m

あとちょっとだね！

振り返ると歩いてきた稜線が

登山道唯一の避難小屋

9合目からの眺め。あと少しで頂上！

9合目〜頂上！

最後の力を振り絞って 頂上へ

　最後までハードな利尻山。9合目以降は浸食が激しく足元の悪い登山道を歩く。疲れて足元がおろそかになり、事故が起こりやすい。くれぐれも慎重に。最後の急坂を登ると、ついに山頂だ。山頂付近は高山植物の宝庫。ご褒美のお花畑を楽しもう。

9合目付近にはリシリヒナゲシ、イブキトラノオなどの高山植物が

頂上手前まで急勾配が続く

⏱目安タイム **70**分

△ 9合目：標高 1410m
頂　上：標高 1719m
標高差： 309m

着いた〜！

山頂には利尻山神社の祠があり、人々の安全を見守る

頂上からの絶景。疲れが吹き飛ぶ

voice 万一事故が起きた場合は警察官駐在所に連絡。鴛泊駐在所（0163）82-2110、沓形駐在所（0163）84-2110。また、もしものときに備えて、救援者費用等補償が含まれた保険に入っておくと安心だ。

Q 携帯は通じる？

A ほぼ全体で通じる

鴛泊コースはほぼ通じる。緊急時の連絡手段としても使えるので、充電は十分に。予備のバッテリーがあると安心だ。

太陽光で充電できるバッテリーは緊急時に重宝

Q ヒグマはいる？

A クマの心配はない

北海道の山で注意しなければいけないのがヒグマの存在だが、利尻・礼文にはヒグマが生息していないため夏場の山でも心配はない。

また、エキノコックス症を媒介するキツネもおらず沢水が比較的安心して飲めるほか、ヘビがいないため鳥たちの楽園ともなっている。

Q 登山計画書の提出は必要？

A 必ず提出しよう

利尻山は1日の移動行程が長く、ハードな山。事前に計画をしっかりと練り、シミュレーションしておこう。登山当日は、必ず登山前に計画書の提出を。計画書は島内の観光案内所、宿泊先で手に入るほか、下記からダウンロードも可能。

URL www.town.rishirifuji.hokkaido.jp/rishirifuji/secure/1717/tozankeikaku.pdf

見本

Q 混み合うシーズンは？

A 花の季節と夏休みは混雑

近年の登山ブームは利尻山も同じ。高山植物が見頃を迎える6月下旬〜7月下旬までは土日を中心に混雑し、トイレ待ちの長い列や頂上付近の渋滞が発生することも。夏休みも海の日の3連休からお盆明けまでは早朝から多くの登山客が訪れる。9月に入るとやや落ち着き、ゆっくり登れるようになる。

Q コースタイムは？

A 休憩含め11時間のロングコース

鴛泊コースは標高差およそ1500mの中級者以上向きのコース。特に9合目から山頂まで、あとひと息というところで足場の悪い急坂が続く。目標タイムと実際のコースタイムをチェックして大幅に遅れているようなら引き返そう。

Q 水場はある？

A 十分な水を持参して

3合目の湧水「甘露泉水」以外水場はない。ここで十分に補給しておこう。夏場なら予備をみて3リットルは準備しておきたい。折りたたみ式の水筒が便利。

Q 登山道までの行き方は？

A 宿の送迎サービスを利用

多くの宿では登山口までの送迎サービスを行っている。季節によるが朝は4時30分〜5時頃、下山後は電話をして迎えに来てもらう。車の場合は、「北麓野営場」に駐車場があるのでそこに停める。送迎を行っていない宿もあるので事前に確認を。

voice 登山道の頂上付近は、火山礫でできたもろい赤茶色の土壌になる。少し触っただけでも崩れてしまい、この土壌も登山道の荒廃を激しくしている一因だ。落石も起きやすいので、もし石を落としてしまったら下にいる人に注意を促そう。

利尻山中腹からの眺め。7月中旬にはエゾカンゾウやリシリブシが

Q 鴛泊コース以外のコースはある？

A 沓形コースは上級者向き

沓形の見返台園地からの登山ルートもあるが難所が多く上級者向き。かつては鬼脇登山道もあったが現在は閉鎖されている。

Q お弁当はどこで手に入る？

A 宿に頼むかセイコーマートで

行程が長いので、2食分を小分けにして持っていこう。セイコーマートでおにぎりなどが手に入る。混雑時はゆっくり食べる余裕がないこともあるので、さっと食べられるものを。エネルギー切れを防ぐための、ゼリー飲料も便利。沓形に行く途中にあるサッポロドラッグでは各種栄養補給材が揃う。

Q ガスや燃料はどこで買える？

A 島内のホームセンターで販売

飛行機で来島する場合、機内にガスカートリッジは持ち込めない。島内では、鴛泊のセイコーマートやサニータウンでガスやホワイトガソリンなどを購入することができる。

Q 避難小屋ってどう使うの？

A 天気待ちや休憩に使う

8合目と9合目の間に避難小屋があるが、山小屋とは違い管理人はいない。天候が優れないときや、疲労回復のために使う、雨風をしのげる場所。使用したあとは、ゴミなどは持ち帰ろう。

Q 万一けがをしたら？

A 救助が必要な場合は電話で

動けなくなってしまった場合は鴛泊駐在所（0163）82-2110、利尻富士町役場（0163）82-1111へ。救助隊が出動する場合、救助費用が発生する。くれぐれも無理な登山は避けて。

登りはもちろん、下りも長くハードでした。手をつくことも多いので軍手があると便利です。ひたすら下る道では、ひざを痛めやすいので注意。サポーターやストックをうまく使いひざの負担を軽くしましょう。（山口県 ガラスの膝さん）

3つの利尻ルールを守ろう

利尻山に訪れる登山者は年間1万人以上。登山道の荒廃のほか、高山植物の消失や、排泄物による環境汚染が深刻だ。美しい山を保つのは登山者一人ひとりの責任だ。

ルール1
携帯トイレを使用する

人気の山の多くは、排泄物が環境破壊の一因となっている。そこで利尻山では登山者が携帯トイレを持参することを推奨している。鴛泊コースには3ヵ所にトイレブースがある。携帯トイレは島内のコンビニや宿泊施設で販売されている。通常のトイレはないので、必ず持参しよう。

携帯トイレはひとつ450円で販売

トイレブースの使い方

❶ 鴛泊コースの6.5合目、8.5合目、9合目の3ヵ所にブースがある

❷ 中は便座が設置されているだけなので、かえって清潔

❸ 携帯トイレを袋から出しトイレに設置。済んだら再び袋へ

❹ 登山口に携帯トイレ専用のゴミ箱が設置されているのでそこに捨てる

ルール2
ストックにゴムキャップを付けよう

うまく使うと山歩きが格段にラクになるストックだが、とがった先端が植物を傷つけたり、土壌を浸食し山道を荒らしてしまう原因に。先端には必ずキャップを付けよう。

山を守る配慮を忘れずに

ルール3
植物の上に座らない、踏み込まない

植物を見るため登山道を外れるのはもちろん御法度だが、なにげなく置いたザックが植物を傷つけることも。ぬかるみを避けようと路肩を歩くのも貴重な植物を失う原因のひとつだ。

ぬかるみを気にせず歩けるよう足元の防水対策は万全に

利尻山登山、どんな事故が多い？

苦しい道のりだからこそ達成感がある登山だが、一歩間違えば大事故につながることも。事故の原因を知って対策を。

登山事故の第1位は転倒！

利尻山の遭難事故の原因で最多は転倒。行程の長い利尻山登山では、疲労から思わぬ場所で転倒することも。ストックやサポートタイツで疲労軽減対策を。脱水症状にも注意。

天候の急変も考えられる。状況により下山も視野に入れて

近年の登山事故概要

年齢	性別	死傷別	概要	登山届
60代	男性	負傷	（下り）鴛泊コース7合目上部で転倒	×
60代	男性	無事	（下り）鴛泊コース、脱水症状で行動不能	×
60代	女性	無事	（上り）沓形コース、親不知子不知付近で疲労行動不能	○
70代	男性	死亡	（上り）鴛泊コース9合目、病死	○
20代	男性	無事	（下り）沓形コース、親不知子不知付近で道迷い	×
70代	男性	負傷	（下り）鴛泊コース、7.5合目付近で転倒	○

✉ さすが百名山。8合目から見る姿が本当にステキです。朝3時に出発し、7時に登頂しました。30分ぐらいゆっくりして下山。10時半にはペシ岬の展望台にいました。無理すれば、関東から飛行機を使い、1泊2日のスケジュールで利尻山に登ることも可能です！（東京都　春霞）

利尻登山 準備編
準備万端で臨もう

登山成功のカギは、体調管理、時間配分、そして登山をラクにしてくれるグッズたち。
消耗品は現地でも買えるが、なるべく必要なものは揃えて島に渡ろう。

持ち物リスト

基本装備	登山靴	足首が固定できる履き慣れたもの
	厚手の靴下	靴擦れしにくい厚手のもの
	ザック	20～30 リットルのもの
	ザックカバー	雨の日にザックを守る必需品
	レインウエア	上下に分かれた、蒸れにくいもの
服装	長袖・長ズボン	化繊のもの。短パンは NG
	アンダーウエア	綿ではなく速乾性の素材のもの
	帽子	風に飛ばないようひも付きのもの
	手袋・軍手	ロープや岩をつかむときの手の保護に
	防寒具	夏場でも必携。フリースやダウンなど
	サポートタイツ	筋肉を支えるタイツは疲労軽減に
持ち物	地図	等高線が表示されたもの
	時計	防水機能の付いたものがベター
	携帯電話	登山道ではほぼ通話可能
	携帯の充電器	万一のときのためにあると安心
	充電コード	意外と忘れがち
	水	最低 2 リットル。夏場は 3 リットルを
	お弁当	おにぎり、パンなどを 2 食分
	行動食	チョコレートやバナナなど予備の食料
	救急セット	絆創膏や包帯、痛み止めなど
	ゴミ袋	ゴミは必ず持ち帰ること

持ち物	ヘッドランプ	万一のときのために
	ストック	あればひざの負担が軽減する
	サングラス	紫外線やゴミから目を保護
	携帯トイレ	携帯トイレを使ってトイレブースを利用
	ロールペーパー	ポケットティッシュでも可
	ウェットティッシュ	食事のときなどあると便利
	日焼け止め	山の日射しは強烈
	タオル	汗ふき用に
	レスキューシート	断熱性のシート。緊急時に
	ホイッスル	非常時に役立つ
	ナイフ	小型ナイフ。飛行機では機内預けに！
	カメラ	とっていいのは写真だけ
	ライター・マッチ	非常時に
	筆記具	耐水性の紙だとなおよし
	目薬・リップクリーム	不快な乾燥から保護

ガスバーナーは必要？

　バーナーがあれば山の上で温かい食事が食べられるのが魅力だが、利尻山の山頂は広くないし風も強い。無理にバーナーを持たせず、魔法瓶にお湯を入れて持参するのも手だ。

冬山登山はプロレベルの難易度

　近年の冬山登山のブームにより、利尻山も冬の入山者が増加傾向にある。しかし、日本海から強烈な季節風を受ける冬の利尻山は、国内でも屈指の厳しさ。島には山岳救助の専門組織がないため、万一の場合はセルフレスキューが基本となる。ある程度経験を積んでいるとしても個人での入山は避けるべきだろう。また、爽快な体験ができるバックカントリーも注目されつつあるが、標高 500m の森林限界以上の斜面はアイスバーン状となり、天候も安定しないし、森林限界以下の火山扇状地の地形は複雑で、道筋を見失いやすい。入山する場合は必ずガイドを手配しよう。

voice　登山中の食事は自分の体調に合わせて取ればよいが、一例として早朝出発の場合、4 合目周辺で朝食、頂上で昼食というのが目安。そうすれば、エネルギー切れの心配もないだろう。登山ではおなかがすく前に栄養補給が基本。こまめに行動食を口にしよう。

51

名水と深い森を有する山で
充実の利尻自然体験を

ポン山トレッキングコース

3つの百選を味わえるポン山は、
利尻山登山のウオームアップにも最適だ。

水筒持参で利尻の自然を体感しよう

　利尻山の裾野に広がる森は「森林浴の森百選」にも選ばれた原生林。それに加えて「名水百選」の甘露泉水と、「日本百名山」の利尻山の眺望という3つの百選が味わえると人気のルートがこちら。スタート地点の北麓野営場から甘露泉水を経由して、標高444mのポン山山頂までは所要約1時間。途中の分岐点を折れれば、原生林の森を抜けて姫沼まで足を延ばすことも可能。利尻山登山の足慣らしとしても、時間や体力に余裕のない人のショートトレッキングとしてもおすすめだ。

ポン山から姫沼に向かう探勝路は涸れ沢が多く、また滑りやすい。急がずゆっくりと自然を観察しながら歩きたい

散策路が整備されている姫沼は、
多くのハイキング客でにぎわう

MAP P.45
🚌 鴛泊港フェリーターミナルから車で約25分　駐車場あり

余裕があれば小ポン山も！

アイヌ語で「小さい」を意味するポン山だが、さらに小さな小ポン山（413m）も存在する。余裕があれば登ってみてはいかが？

ポン山から小ポン山を望む

スケジュール

所要時間	歩行距離	レベル
約3時間30分	約6km	🚶🚶

豊かな自然
に感動！

10:00 北麓野営場を出発
徒歩1時間

バンガローなどが整備されたキャンプ場。トイレや飲料水の確保など準備はここで整えておこう。

利尻山登山の拠点でもある

11:00 ポン山に登頂！
徒歩30分

視界が開けた山頂からは利尻山はもちろん、遠くに礼文島の大パノラマも望める。ほっとひと息。

突然の強風には注意して

11:30 姫沼ポン山探勝路へ
徒歩2時間

ポン山から折り返して姫沼方面へ。利用者が少ないため深い森を独占できる。道迷いには注意！

五感を働かせて歩こう

13:30 姫沼から利尻山を記念撮影！

風のないときは、姫沼に利尻山の姿が映り込む。美しい風景と一緒にぜひ記念撮影を！

定番の撮影スポットだ

ポン山トレッキング高低差

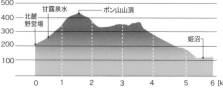

---

voice 北麓野営場を通らず、利尻山旧登山道から甘露泉水を目指す「甘露泉水ハイキングコース」もある。勾配が緩やかで、静かに自然を満喫できるおすすめルート。入口は「利尻島ファミリーキャンプ場ゆ～に」から500mほど進んだ所にある。

標高は570m程度。眺めがいい

途中に湾曲した柱状節理が

利尻山の懐に眠る万年雪を求めて
秘境感あふれる山を歩く

ヤムナイ沢（万年雪）ハイキング

アイヌ語で「冷たい・川」を意味するヤム・ナイ。
森林限界を越えて万年雪を見に行こう。

沢を渡り舗装された林道を歩く

鬼脇で道道108号線を利尻島郷土資料館のほうへ曲がり山へ向かうと1車線の舗装道になる。そこから約3km、車で約5分で沢の入口に到着だ。最大の難関は、歩き始めてすぐに現れる沢渡り。通常、水量は多くないが、雨のあとは増水していることも。沢を渡ったらあとはひたすら緩やかな砂利道を上り、1時間ほどで河原へ合流する。大きな岩の上を歩き奥に向かうと、万年雪が見えてくる。例年、7月中旬くらいまではかなり下まで雪が残り雪の上を歩くことができるという。

もっと知りたい！

かつては利尻山への登山道があった

ルートの途中に「鬼脇登山道」の看板が出てくる。かつては山頂まで行けたが、現在は荒廃が激しく、7合目以降は通行不可能だ。

鬼脇登山道入口の標識

ヤムナイ沢の入口。「治山ダム」の働きの看板が目印だ

MAP P.70B1
🚌 鴛泊港フェリーターミナルから車で約35分 **駐車場** あり
車がないと個人では行けない。その場合ツアーを利用しよう。利尻自然ガイドサービス（→P.62）で開催している。料金は人数により異なる。

スケジュール

所要時間	歩行距離	レベル
約**2**時間	約**7**km	🚶🚶

10:00 駐車場に到着
徒歩1分
道路の行き止まりの地点に数台の駐車スペースがある。ここで準備を整えよう。水と雨具は忘れずに。

水は必ず持参しよう

10:01 沢を渡る
徒歩14分
コンクリートで遮られているため、水の流れは穏やか。ただし雨のあとは水量が多いこともある。

増水時は引き返す勇気を

10:15 砂利道をハイキング
徒歩45分
コースは砂利道で足場は安定し、勾配も緩やかなのでそうつらくない。鳥や花を愛でながら歩こう。

整備された登山道

11:00 ヤムナイ沢に到着
最初に渡った沢の上流に合流。8月に入るとかなり上のほうまで行かないと雪を見ることができない。

黒雲が山から流れてきた

ヤムナイ沢ハイキング高低差

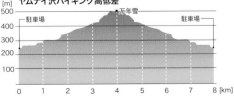

体力レベル 🚶 …… 初心者から参加OK　体力レベル 🚶🚶 …… 普段からよく歩く人向き　体力レベル 🚶🚶🚶 …… 登山経験のある健脚者向き

沼から見る利尻富士はアルプスのような猛々しさが魅力

ご褒美のスイーツも楽しみ！ 所要 約 **20**分

オタトマリ沼
1周遊歩道

　飲食店やみやげ物店が並ぶオタトマリ沼。観光バスが到着すると一気ににぎわい、出発とともに静けさが戻る場所だ。ほとんどの団体客は沼の入口から利尻山を眺めて帰るが、沼を1周する遊歩道があるので、歩いてみよう。沼の周囲はおよそ1km、歩いて20分ほど。厳しい環境に耐えられるアカエゾマツが茂る林と、湿性植物を見ることができる。特にエゾカンゾウ、ヒオウギアヤメが湿原を彩る7月が美しい。

> さあ、沼を1周しよう

利尻最大の沼

ハイキングスタート

沼のほとりを歩く快適ハイキング

> こっち側はしずか〜

オタトマリ沼を反対から見てみよう

最後は森を抜けて元の場所へ

> 疲れが吹き飛ぶ！

ハイキングの後は「まっちゃんの店」で休憩！→ P.71

MAP P.70B2　交 鴛泊港フェリーターミナルから車で約30分　駐車場 あり

晴れた日には利尻山が水面に映える 所要 約 **20**分

姫沼ハイキング

　姫沼の周囲を散策する、自然豊かな約800mのハイキングコース。木道で整備されているため観光客も気軽に楽しめ、またコマドリやノゴマといった野鳥のバードウオッチングのスポットとしても知られる。湖面に映る逆さ利尻富士を写真に収めたいなら、晴れていて風が少ない早朝の時間帯を狙おう。ポン山方面へ抜ける探勝路もあるが、木道などの整備がされていないコースなので、トレッキングの準備がない場合は控えたほうがよい。

> 静けさに癒やされる♪

姫沼と原生林に囲まれリフレッシュできる

> よっこらしょっと

> ペシ岬もよく見える！

姫沼へ向かう道中の展望台から鴛泊方面を眺める

思い出橋を渡って姫沼湖畔へ

姫沼休憩舎では四季折々の写真の販売も

散策路の途中にはポン山方面への分岐がある

MAP P.63B2　交 鴛泊港フェリーターミナルから車で約25分　駐車場 あり

54 **voice** 利尻島にはクマやヘビなどの危険な生物がいないので、比較的安心してハイキングをすることができる。ただしシーズンオフは人が少なく、木道が荒れていることも。決してルートは外れないように。歩きやすい靴や水など最低限の準備をして楽しもう。

鴛泊港の脇にそびえる岬の先端へ **所要 約30分**

ペシ岬展望台遊歩道

鴛泊港のシンボル的存在、ペシ岬。鴛泊の町から歩いて行ける距離にあり、朝夕の散策にぴったりだ。標高は93mほどだが、展望台が海に突き出しており開放感と眺めは抜群。まずは麓にある会津藩士の墓をお参りしてから、木の階段を上り、展望台まで登ろう。鴛泊市街地や礼文島、そして晴れていれば北海道本島まで見渡すことができる。岬には草原の中に小さな白い灯台があり、とてもフォトジェニックだ。

ゆーい頂上！

標高93mの展望台のゴール！ 青い海の景色が爽快

ペシ岬は大きなクジラみたいという人もいる

あとちょっと

急な階段は上るのにひと苦労

市街地を一望♪

振り返ると後ろには雄大な利尻富士

ペシ岬は朝日も美しい

MAP 折り込み① D2 **交** 鴛泊港フェリーターミナルから徒歩約5分 **駐車場** なし

日本で唯一の環境をもつ貴重な沼 **所要 約15分**

南浜湿原遊歩道

高層湿原のミズゴケと低層湿原のミズバショウが混在する不思議な沼。このような湿原は日本でここだけといわれ、利尻富士町の文化財に指定されている。湿原にはおよそ113種類の植物が繁茂し、四季折々の花を咲かせる。駐車場すぐから湿原が広がるため、カメラ片手に訪れる愛好家も多い。手前のメヌウショロ沼だけを1周するなら400m、奥の森林地帯も合わせると900m。木道が整備されているので歩きやすい。

逆さ富士もきれいい！

条件がよければ逆さ富士が見られる穴場

利尻富士が見えるよ

入口に3台程度の駐車スペースと簡易トイレがある

分岐点は看板で確認

歩きやすい木道♪

奥へ行くとさらに利尻山が近く見える

木道が整備されていて歩きやすい

MAP P.70B2 **交** 鴛泊港フェリーターミナルから車で約40分 **駐車場** あり

 利尻山登山は私にはちょっとハード。気軽なハイキングを楽しみました。遊歩道沿いに珍しい植物がいっぱいあり大興奮！ 知らなければ見過ごしてしまうので、ぜひ図鑑片手に歩くか、ガイドツアーに参加することをおすすめします。(大分県 エビネさん)

夕暮れまでに帰ってくるぞ!

ターミナル前で自転車をレンタル。1日1500円〜

利尻1周サイクリング

刻々と姿を変える利尻山、ひなびた港町に、点在する湖沼や湿原。
60km の道中には発見がいっぱいだ。

時計回りに進路を取って
たそがれの草原を走り抜ける

　島を1周してみたい。島を旅する人なら誰もが抱く憧れではないだろうか。利尻島は1周60km。自動車ならば1時間30分もあれば1周できるが、せっかくならば動力に頼らず回ってみたいもの。それなら自転車ほどこの島にぴったりなものはない。

　ルートはほぼ海岸線を走る。高低差は31mとたいしたことはないが、細かくアップダウンを繰り返すのでなかなかの手応えだ。時計回りでも反時計回りでもよいが、鴛泊港の東側は軽い峠が続き、サイクリングのラストに上り下りがあるのは厳しい。また夕暮れの時間帯に島の西側を通れば、道路沿いの草原がたそがれに染まり、ロマンティック。ということでどちらかというと時計回りがおすすめだ。

　注意しなくてはならないのは、食事の場所。時計回りの場合、鬼脇、オタトマリを出ると、次は沓形までほぼ飲食店がない。また沓形に到着しても時間帯を外すと営業していないことも。コンビニで軽食を仕入れ、60kmのロングサイクリング中のエネルギー切れを防ごう。

全長 24.9km の
サイクリングロード

もっと欲ロりたい!

　鴛泊から反時計回りに沓形へ、全長24.9kmのサイクリングロードが整備されている。始点は野塚公園で終点は利尻町の運動公園。陸橋から絶景を見たり、ウミネコのコロニーの間を走り抜ける爽快なサイクリングを楽しんでみては。すべて走るとおよそ3時間20分の行程だ。

自転車専用道路からはこんな絶景が!

雨宿りさせてね!

左／一般道でも車が少なく快適
右／島の天気は変わりやすい。雨具持参が安心だ

 ハイスペックなレンタル自転車もある。スペトラ（www.supetora.com）では7時間8000円で、RISHIRI ACTIVITY（https://rishiri-activity.com）では走りやすさで人気の「CARACLE-S」が1日3000円でレンタル可。

スケジュール

所要時間	走行距離	体力レベル
7時間	約60km	🚶🚶🚶

観音様
みたい！

9:00
フェリーターミナルを出発

バックパックに水とタオル、パンやチョコレートなどの軽食を詰めてスタート。自転車は変速付きのものを借りよう。

夏場はサングラスや帽子も必携

自転車で
1時間30分

10:30
オタトマリ沼に到着

鬼脇の町を抜け、オタトマリ沼へ。美しい景観を楽しんだら、売店で利尻グルメを楽しもう。

利尻を代表する景観のひとつオタトマリ沼

12:30
仙法志御崎公園で休憩＆アザラシにご対面

利尻山十六景のひとつ、仙法志御崎公園へ。夏場なら稚内から出張中のアザラシがいるので、餌を買ってあげてみよう。

お魚
ちょーだい♡

自転車で
1時間

途中、夏の風物詩、昆布干しが見られるかも

時間があれば鬼脇の郷土資料館に立ち寄っても

自転車で
約30分

駐車場にパンの移動販売車がいることも

13:00
利尻の名水でのどを潤す

道路脇には利尻の名水「麗峰湧水」が湧いている。ここでのどを潤して。

夏場でもひんやり冷たい！

自転車で
約1時間

14:00
神居海岸パークでひと休み

ウニむき体験施設や、展望台がある神居海岸パークに到着。

ここまで来れば残り4分の1

自転車で
約30分

15:30
サイクリングロードを快走

沓形の手前からサイクリングロードに入る。車の往来がないので走りやすい。

海越しに礼文島が見える

自転車で
約30分

16:00
フェリーターミナルに到着

7時間のサイクリング終了！

翌日の筋肉痛を覚悟して

サイクリングロード
富士野園地
夕日ヶ丘展望台
利尻空港
鴛泊港フェリーターミナル
START GOAL
ラナルド・マクドナルド上陸記念碑
会津藩士の墓
観音岩
沓形岬公園
利尻町総合体育館
神居海岸パーク
▲利尻山
人面岩
寝熊の岩
北のいつくしま弁天宮
利尻島郷土資料館
麗峰湧水
利尻町立博物館
オタトマリ沼
南浜湿原
仙法志御崎公園
N
＜イメージ図＞

利尻1周サイクリング高低差

[m]
300
200
100

鴛泊港
フェリーターミナル
オタトマリ沼
南浜湿原
沓形

0 10 20 30 40 50 60 [km]

利尻1周サイクリングしてきました！60kmはかなりハードでした。レンタル屋さんの話によると、気軽な気持ちでスタートして、夜遅くなっても帰り着けない……という人がけっこういるらしいので、朝早めにスタートしましょう。（東京都　ぽんかん）

島のゆったり時間を楽しんで

バスでぐるっと利尻島1周

たっぷり時間があるならば、ぜひ路線バスで島を1周してみて。
島の人々が世間話をする雰囲気も島らしい。

乗り遅れると次は2時間後 でも慌てない、慌てない

バス停の待ち合い室

利尻島を1周するバスは、沓形を出発し、鴛泊を経由してオタトマリ方面へ向かうAコースと、沓形から仙法志、オタトマリを経由して鴛泊に向かうBコースがあり、それぞれ平日1日4便ずつ。本数が多くないので時間配分には気を使うが、せっかくの島時間。展望台で、ぼーっと風景を眺めるもよし、次のバス停まで散歩するもよし。万一バス停にたどり着く前にバスが来てしまっても、合図すれば乗せてくれるのも島ならでは。

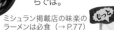

ミシュラン掲載店の味楽のラーメンは必食（→ P.77）

もっと知りたい！

1DAY フリー乗車券を活用しよう

島の路線バスの運賃は割高だ。例えば、沓形〜鴛泊間は760円。島を1周したい場合は1日乗り放題券2000円（子供1000円）がお得。バス乗車時に買うことができる。2〜4便は自転車の積載も可（1台500円）。台数制限があるので事前に利尻営業所に連絡を。

バス待ちの時間で島の違う一面を発見

📞 宗谷バス利尻営業所　☎ (0163)84-2550　※バスの時刻は2022年度版。平日と休日でダイヤが大きく変わるので、ウェブサイトを確認して。
🌐 http://www.soyabus.co.jp

スケジュール

| 所要時間 約5時間30分 | 歩行距離 約2 km | 体力レベル |

8:48 鴛泊フェリーターミナルを出発

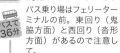

バスで36分

バス乗り場はフェリーターミナルの前。東回り（鬼脇方面）と西回り（沓形方面）があるので注意して。

あらかじめ時刻表をチェック

9:24 バス停沼浦で下車

徒歩30分

オタトマリ沼を散策し新鮮なウニやホタテも楽しもう。そのあと、南浜まで牧歌的な風景のなかをぶらぶら歩いてみるのもいい。

焼きたてのホタテは絶品

12:39 バス停南浜を出発

バスで35分

南浜まではアップダウンが少ない。時間に余裕があれば、南浜湿原のハイキングはいかが？（→ P.55）

手を挙げてバスに合図

13:14 沓形に到着

徒歩10分

沓形の町を散策しよう。ランチを食したり、次のバスを1便後にして、海藻クラフト体験をしても。（→ P.60）

島の駅でクラフト作り

15:40 沓形から鴛泊へ向けて出発

バスターミナルから町歩きを楽しみつつ沓形の町を抜けて、フェリーターミナルの前でバスに乗車。

鴛泊へ戻ろう

voice〜 バスは地元のお年寄りにとって大切な移動手段であり、また社交の場。バスで出会ったおばあちゃんたちがぺちゃくちゃとおしゃべりする様子がほほ笑ましい。運転手さんはどこに行きたいか希望を聞き、一人ひとりに親切に対応するのも島らしい光景だ。

海岸に浮かぶ小舟でウニ取り

水中にいるウニを探そう

取ったウニをその場で食べる！

初めてでも取れました！

ウニ採り体験

自分で取ったウニをその場で食べる
贅沢体験ができるのは利尻ならでは！

意外と簡単！？
目指すはウニ取り名人

　実際にウニ漁師が使用する道具を使って、お手軽にウニ取りから殻むきまで体験できる。神居海岸パークの岸に停泊している小舟に乗り込み、箱めがねで透明度の高い海をのぞき込むと海底にはウニがたくさん！タモと呼ばれる柄の長い網でゆっくりすくい上げたら陸に上がって殻むきにチャレンジ。最後に新鮮なウニをその場でいただこう！

本物のウニ漁師が使う道具を駆使

柔らかい身を壊さないように慎重に

もっと知りたい！
子供に人気の
無料のカニ釣り

　神居海岸はカニ釣りスポットとしても有名。岩場の間にいるカニを釣り上げるだけだがこれが意外と楽しい。料金は無料。事務所では道具も貸し出してくれるのでぜひトライしてみて。また毎年6月にはエゾカンゾウが咲き、あたりを黄色に染める。

神居海岸パーク <u>MAP</u> 折り込み② A2
🚃 宗谷バスターミナルから車で約10分　🏠 神居海岸パーク（→P.75）内　☎ (0163)84-3622（利尻町観光協会）　🕙 10:00〜16:30（最終受付16:00）　休 なし（11〜4月は休み）　料 1500円　🅿 あり　予約 必要

スケジュール

所要時間 約40分	体力レベル

1 受付を済ます

神居海岸パークで受付。利尻名産品を販売する売店や整備された公園の見晴らし台で、集合時間まで時間をつぶそう。

軽食も販売する

2 ボートに乗り込む

いざ、ウニ取りスタート！停泊している小舟に乗り込むが、出航するわけではなく、その場でウニ取り。

バランスに注意！

3 ウニが取れた！

箱めがねで海底をのぞくと、いたいた！こんな浅瀬にごろごろとウニがいてびっくり。タモを使って慎重にすくおう。

手の上でトゲが動く〜

4 ウニを洗う

ハサミを使って殻を割って身に付着した不純物を海水で洗い流せば、さあ、あとは食べるだけ！

キレイな身がいっぱい

5 いただきまーす！

むいたウニを早速試食してみよう。取れたてのウニはぷりぷりとした食感で、ほんのり甘く絶品！

ねっとりとした舌触りに感動

く　私たちが普段食べているウニの身の部分、あの正体をご存じだろうか？　実はアレ、ウニの精巣や卵巣なのだ。オスとメスの見分けは一見難しいが、オスはより白色に近く、赤っぽいのがメス。一般にはオスのほうがより濃厚な風味をもつとされる。

59

利尻産の昆布をお持ち帰りできる！

昆布お土産づくり体験

最高級昆布について学びながらクラフト

利尻昆布は、だし昆布として全国的に知られたブランド昆布。ここでは生育環境や出荷までの流れなど、利尻昆布についての基礎知識を深めながら、花折昆布、おしゃぶり昆布、だし昆布の3つのおみやげ作りを体験する。ハサミやドライヤーを使い、工作気分で楽しみながらできるので、小さい子供連れにもおすすめだ。所要約40分。

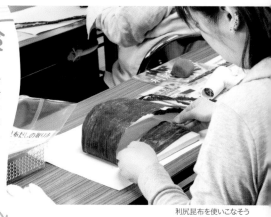
利尻昆布を使いこなそう

昆布作りの道具たち！

スライドでわかりやすく解説

チョキチョキ切って昆布を成形

完成品はおみやげにも

料理にもおつまみにも♪

神居海岸パーク
MAP 折り込み② A2　交 宗谷バスターミナルから車で約10分　住 神居海岸パーク（→P.75）内
電 (0163)84-3622（利尻町観光協会）
時 10:00～15:30　休 なし（11～4月は休み）
料 1500円　駐車場 あり　予約 必要
URL www.rishiri-kamui.com

色とりどりの海藻でオリジナルクラフトを

海藻押し葉クラフト作り

はかなげな風情に引き込まれる！
海藻押し葉の魅惑の世界

利尻の海に打ち上げられた海藻を再利用できないかという思いで生まれた海藻押し葉。「島の駅利尻」内でその海藻を使ったクラフト作りを体験できる。不思議に伸びる枝や、透けるような色合いは海藻ならでは。通常の押し花とひと味違う、神秘的な風合いを楽しんで。制作できるアイテムは、キーホルダー、しおり、はがきから選択。

海藻の世界はとってもステキなの！

惣万栄子さん

館内には海藻押し葉作品が展示される

慎重にケースに詰めよう

約30分で完成！

はがき、しおり、キーホルダーから好きなものを選んで

楽しく押し葉作り

イメージを固めてスタート

島の駅利尻　MAP 折り込み③ C2
交 宗谷バスターミナルから徒歩約5分
住 島の駅利尻（→P.76）内　電 (0163)85-7755
時 9:00～17:00（11～3月は9:00～）　休 なし
（11～4月は火曜）　料 1500円～　駐車場 あり

利尻山をバックに SUP で海をおさんぽ

SUP体験

利尻ブルーに輝く海を SUP で探検

　北海道有数の透明度を誇る利尻の海へ、SUP（スタンドアップパドルボード）に乗って海に漕ぎだしてみよう。インストラクターがていねいに教えてくれるので、初めてでも安心。慣れてきたら釣りをしたり、ジャンプで海に飛び込んだり……。自由に海を楽しめるのは小回りの効く SUP ならでは。

海鳥のコロニーのある島まで遠征。無数の鳥を間近で見られる

岩の上からジャンプ！ 自由に遊べるのも SUP の魅力

身長 120cm から参加できる

サンセット SUP もリクエストできる

RISHIRI ACTIVITY 　集合 RISHIRI ACTIVITY 事務所（ホテル送迎あり） 住 利尻町沓形字富士見町 134 　所要 2 時間 30 分〜3 時間 　料 1 万円（ライフジャケット、ウェットスーツ、写真代など含む） 📞 080-1883-8768 　休 荒天時 　持ち物 水着またはラッシュガード、タオル、飲み物、日焼け止め、帽子 URL https://rishiri-activity.com/

島でのんびりキャンプ体験

手ぶらCAMP

　島にはキャンプ場があるが、道具を持って行くのはなかなか大変だ。そんなとき利用したいのが、テント、寝袋、調理道具、BBQ 道具など一式を貸してくれるこのサービス。道具の搬入や設営もスタッフが手伝ってくれるので、知識がなくても心配ない。夜は島のスーパーで仕入れた食材で BBQ を楽しもう。

レンタル自転車も用意している（1 日 3000 円〜）

自分で用意するのは、防寒具や洗面用具、食材や調味料など

島の澄んだ空気のなかでのキャンプは格別

島の食材を仕入れて BBQ を楽しもう！

RISHIRI ACTIVITY 　交 送迎あり（要問合せ） 　料 2 万 5000 円（3 人まで）、3 万 5000 円（4 人まで） 📞 080-1883-8768 　休 荒天時 　含まれるもの テント、シュラフ、テーブル、ローチェア、クーラーボックス、ポータブル電源など URL https://rishiri-activity.com/

キャンプ利用者は SUP ツアーに 6000 円（通常 1 万円）で参加できる

voice 利尻島には 5 つのキャンプ場がある。「手ぶらキャンプ」で利用するのは沓形にある沓形岬公園キャンプ場だ。炊事場やトイレなどの設備があり、市街地に近く便利。入浴はホテル利尻にある日帰り温泉を利用できる

利尻島シーカヤックツアー

利尻の海は驚くほど透明度が高く、晴れた日の青さには驚くほどだ。そんな海を最も近くで見ることができるのがシーカヤック。まずは、浜辺でレクチャーを受けて漕ぎ方や注意事項を確認。いざ、海へ出発だ。海の中の昆布やウニを探したり、夕日ヶ丘展望台の沖に浮かぶポンモシリ島でウミネコを観察したり、運がよければアザラシにも合えるかも。安定性のよいカヤックなのでひっくり返ることはまずないが、ぬれてもいい格好で。ふたり乗りのカヤックもあるので親子での参加も OK だ。

皆さん透明度に驚かれます！

カヤックでしか行けない場所を探検

ウミネコのコロニーがあるポンモシリ島

海に浮かんでる！

利尻自然ガイドサービス
渡辺 敏哉さん

海中には利尻の特産品の昆布がいっぱい！

利尻の海はこんなに透明度が高い

利尻自然ガイドサービス **MAP** 折り込み① B2 🚶 鴛泊港フェリーターミナルから徒歩約 20 分 **所要** 約 3 時間 **住** 利尻富士町鴛泊字栄町 ☎ (0163)82-2295 **時** 8:30、13:30 スタートの 2 回 **休** 荒天時休、7 ～ 9 月のみ開催 **料** 9900 円、小学生 5500 円、幼児 2200 円 **駐車場** あり **URL** www.maruzen.com/tic/guide

---

スノーシュートレッキング（半日コース）

冬の山を満喫できる、最近人気急上昇中のメニュー。積雪のない時期は歩けない原生林も、スノーシューを履けば自由自在。スキーと違って、すぐに歩けるようになるので初心者でも安心だ。一面真っ白になる冬山は、バードウオッチングやアニマルサーチングにも最適。夏山とはまた違う、白銀の世界を楽しんで。

冬の山ってこんなに楽しいんだ！

静まり返った山の中をスノーシューでハイキング

上／原生林の中を歩いて巨木へ到着！ ずっと歩いてきたから体がポカポカ　右／冬眠中のリスや、フクロウにも合えるかな？

利尻自然ガイドサービス **MAP** 折り込み① B2 🚶 鴛泊港フェリーターミナルから徒歩約 20 分 **所要** 約 3 時間 ☎ (0163)82-2295 **時** 8:30、13:30 スタートの 2 回 **休** 荒天時休、12 ～ 3 月頃 **料** 8800 円 **駐車場** あり **URL** www.maruzen.com/tic/guide/ **予約** 必要

ショップ名	電話	ツアー内容	URL
利尻はなガイドクラブ	(0163)82-1882	姫沼ガイドウォーク／利尻島ハイキング　星空観察／貸切ガイド	www.rishiri-hanaguide.com
利尻礼文ガイドネット	(0163)85-7675	登山ガイド／ハイキングガイド　貸切ガイド	www.rirenet.com
利尻・島ガイドセンター	(0163)85-7718	登山ガイド／ハイキングガイド　貸切ガイド／スノーシュー	www.rishiri-shimaguide.com
利尻自然ガイドサービス	(0163)82-2295	登山ガイド／ハイキングガイド　シーカヤック／貸切ガイド　スノーシュー	www.maruzen.com/tic/guide

voice 実は利尻は日本最北のサーフィンスポットとしても有名だ。360 度海に囲まれたほぼ円形の島は、どんな方向のうねりにも対応し、どこかしらで波に乗れる。しかも最高の波は、ほぼ常に貸切状態という贅沢さ。利尻に通い詰めるサーファーもいるという。

フェリーが発着する利尻島の玄関口

鴛泊周辺
おしどまり

ホテル、飲食店、商店が集まる島の中心部。大型ホテルが多く、ツアーでは鴛泊滞在が一般的だ。

観る・遊ぶ

利尻山の裾野の小さな港町

鴛泊港フェリーターミナルを擁する島の玄関口。島でいちばんの繁華街とはいえ、メインストリートには商店、飲食店が点在する程度。まずは港脇にそびえるペシ岬に登って位置関係を把握しよう。利尻登山の拠点ともなっており、登山口近くの温泉施設は下山後の楽しみのひとつ。

食べる・飲む

海鮮に居酒屋、カフェなど種類豊富

島いちばんの町だけあり、ひととおりの飲食店が揃う。ターミナル内に飲食店や売店があり、乗船待ちの時間に便利。また、ターミナル向かいには、ウニを名物とする飲食店やカフェがあり、島の味覚を楽しめる。季節にかかわらず夕食時は混雑するので予約してから出かけよう。

買う

昆布製品やオリジナルグッズを

フェリーターミナル前に特産品を扱う商店が並ぶほか、「くみあいストアー」では利尻漁協の特産品が手に入る。「さとう商店」やセイコーマートでも島のおみやげが並ぶ。料亭などで使われ高品質で知られる利尻昆布は本州より2～3割程度安く手に入りおすすめだ。

泊まる

大型の観光ホテルや民宿など種類豊富

ツアー客の受け入れが可能な大型ホテルから清潔で設備が充実したペンション、安価な素泊まりの宿など宿泊施設の選択肢は豊富。たいていの宿は港までの無料送迎が付いている。ホテルの大浴場では利尻富士温泉を使用している所も。宿の予約は必須だ。

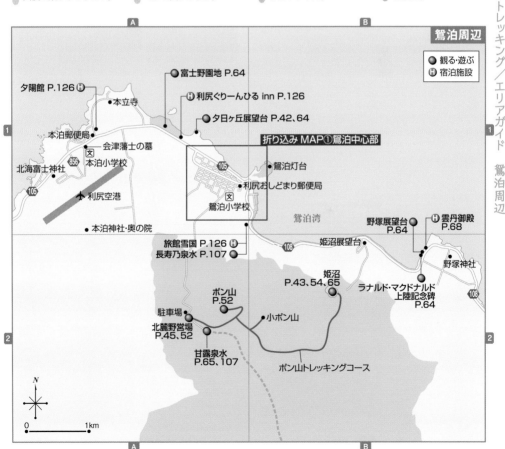

鴛泊周辺

凡例：
● 観る・遊ぶ
H 宿泊施設

夕陽館 P.126 H
本立寺
本泊郵便局
会津藩士の墓
北海富士神社
本泊小学校
利尻空港
本泊神社・奥の院
富士野園地 P.64
利尻ぐりーんひる inn P.126 H
夕日ヶ丘展望台 P.42、64
折り込み MAP①鴛泊中心部
鴛泊灯台
利尻おしどまり郵便局
鴛泊小学校
鴛泊湾
旅館雪国 P.126 H
長寿乃泉水 P.107
姫沼展望台
野塚展望台 P.64
雲丹御殿 P.68 H
野塚神社
ポン山 P.52
駐車場
北麓野営場 P.45、52
甘露泉水 P.65、107
小ポン山
姫沼 P.43、54、65
ラナルド・マクドナルド上陸記念碑 P.64
ポン山トレッキングコース

N
0 1km

ペシ岬
ぺしみさき

アクセス抜群の絶景ポイント

　鴛泊港フェリーターミナルのすぐ北側、海に突き出すようにそびえるのがペシ岬だ。標高93mの頂上には展望台が整備され、真下に鴛泊港、南に利尻山、北西に礼文島と360度の大パノラマを堪能できる。岬の中腹は広場になっていて、幕末に北方警備に当たった会津藩士が眠る墓がある。

上／頂上まで所要時間は約20分
左下／別名灯台山とも呼ばれる
右下／文句なしの眺望

🚌 鴛泊港フェリーターミナルから徒歩約9分　🅿 なし

夕日ヶ丘展望台
ゆうひがおかてんぼうだい

鴛泊市街地から近い夕日の名所

　岬の頂上は標高55mほど。そこまで高くないが、周りには遮るものがないため、利尻山の山頂から裾野の鴛泊市街地、左にウミネコのコロニーとクロユリの自生地となっているポンモシリ島、その向こうに礼文島まで望むことができる。ここからの夕日はとても美しい。サンセットに合わせて行こう。

上／海岸から利尻山山頂まで一望
左下／夕日は必見
右下／山道を少し登っていく

🚌 鴛泊港フェリーターミナルから車で約7分　🅿 あり

野塚展望台
のづかてんぼうだい

ペシ岬を一望する展望台

　鴛泊港の湾を挟んでペシ岬の反対側にある展望台。海の向こうにペシ岬と鴛泊港、晴れた日には礼文島まで望める。全長約25kmのサイクリングロードの入口にもなっている。

🚌 鴛泊港フェリーターミナルから車で12分　🅿 あり

富士野園地
ふじのえんち

初夏に咲くエゾカンゾウが見事

　利尻島の海岸植生が見られるベストスポット。6〜7月はエゾカンゾウが咲き乱れ、草原をオレンジ色に染める。トイレや東屋が整備されているので休憩がてらどうぞ。

🚌 鴛泊港フェリーターミナルから車で約10分　🅿 あり

ラナルド・マクドナルド上陸記念碑
らなるど・まくどなるどじょうりくきねんひ

初のネイティブイングリッシュの教師

　1848年、アメリカで生まれたラナルドは、日本に憧れ利尻に密入国。その後長崎に連行され、収容先の座敷牢で日本人に英語を教えた。彼の生徒は、黒船来襲時通訳として活躍。

🚌 鴛泊港フェリーターミナルから車で12分　🅿 あり

カルチャーセンター＆りっぷ館
かるちゃーせんたー＆りっぷかん

絵画や動植物、歴史など総合的に展示

　カルチャーセンターには利尻にちなんだ絵画を展示。りっぷ館では、利尻の地形や古い道具、自然について解説・展示がある。

🚌 鴛泊港フェリーターミナルから徒歩約20分　🏠 利尻富士町鴛泊字栄町　📞 (0163) 82-1721　🕐 9:00〜17:00　🈺 月曜 (11〜4月は休館)　💴 300円、中学生200円、小学生100円　🅿 あり

voice　2014年、アドベンチャーレーサー田中陽希さんが「グレートトラバース日本百名山一筆書き」と称して、日本百名山を動力を一切使わず登るという偉業のゴール地点となったことから、富士野園地に記念のプレートが設置されている。

📷 植物園 **エリア** 鴛泊中心部 **MAP** 折り込み① B3

高山植物展示園
こうざんしょくぶつてんじえん

こぢんまりとした植物展示園

　園内にはガレ場や砂礫地が整備され、それぞれの環境の高山植物が育成されている。植物にはプレートが付いているので詳しくない人も楽しめる。

🚌 鴛泊港フェリーターミナルから徒歩約20分　🈺 11月上旬〜4月下旬　🉐 無料　🅿 あり

📷 湧水 **エリア** 鴛泊郊外 **MAP** P.63A2

甘露泉水
かんろせんすい

登山客ののどを潤す名水

　日本百名水にも選ばれた日本最北の名水。利尻山に降った雪や雨が湧出したもので、その名の通りほのかな甘味が特徴だ。利尻山3合目に位置し、登山客がのどの乾きを癒やしている。

🚌 北麓野営場から徒歩約10分　🅿 なし

📷 沼 **エリア** 鴛泊郊外 **MAP** P.63B2

姫沼
ひめぬま

逆さ利尻富士が拝める撮影スポット

　利尻山の北側、標高約130mに位置する人工湖。小高い丘に囲まれるようにひっそりと水をたたえ、無風状態で映し出される逆さ利尻富士は多くの風景カメラマンを魅了している。沼の周囲には1周約800mの散策路が整備され、野鳥のさえずりを聞きながら深い自然の中を散策できる。

上／姫沼と利尻山を一望
左下／歩きやすい木道の散策路
右下／休憩舎では物販もあり

🚌 鴛泊港フェリーターミナルから車で約25分　🅿 あり

📷 日帰り温泉 **エリア** 鴛泊中心部 **MAP** 折り込み① B3

利尻富士温泉
りしりふじおんせん

登山のあとにたまらない！ 広い湯船でリラックス

　利尻山の登山口の下にあり、登山後に立ち寄れる。露天風呂、ジャクジー、サウナで、登山で疲れた体を癒やそう。コインランドリーもあり、長期滞在時に重宝する。

上／利尻山を望む露天風呂
左下／別棟に温水プールもある
右下／筋肉痛にも効果的

🚌 鴛泊港フェリーターミナルから徒歩約20分
🏠 利尻富士町鴛泊字栄町
📞 (0163) 82-2388
🕐 12:00〜21:00　🈺 月曜（5〜10月は無休）
🉐 大人500円、小学生250円、3歳以上150円　🅿 あり

🍲 海鮮 **エリア** 鴛泊中心部 **MAP** 折り込み① D3

磯焼亭
いそやきてい

フェリーターミナル前の名店

　島の魚介類を味わうならここ。特に朝取れのホタテは絶品。透き通るような乳白色の身は甘く歯応えがあり、島ならではの味。生ウニ丼や利尻ラーメン1350円もおすすめだ。

上／生ホタテ丼1500円
左／店主の後藤さんとスタッフ
右下／夏場の昼時は行列もできる人気店

🚌 鴛泊港フェリーターミナルから徒歩すぐ
🏠 利尻富士町鴛泊字港町
📞 (0163) 82-2561
🕐 10:00〜17:00　🈺 不定休（10〜4月中旬は休み）　🅿 なし

---

voice 現在の姫沼は大正時代に湧水をせき止めて作られた人工湖だが、この地形自体の歴史は古く3〜4万年前には窪地が形成され、3000万年前までは古姫沼が存在していたとされている。なお姫沼の名称は、ヒメマスを放流したことからつけられた。

丼ぶり 　エリア 鴛泊中心部　MAP 折り込み① D3

食堂 丸善
しょくどう　まるぜん

フェリーターミナル内にあり便利

　フェリーターミナル2階にあるレストラン。いち押しはスープカレーチキン1200円。ピリ辛のスープにチキンレッグ、カボチャやナスなどの野菜がたっぷり。

上／スープにはだしのうま味がたっぷり　左下／大きな窓から港が一望できる　右下／シーズンには名物うにめし丼（時価）も

🚌 鴛泊港フェリーターミナル内2階 ☎ (0163) 82-1110
🕐 11:00〜14:30　休 不定休　🅿 あり

創作料理 　エリア 鴛泊中心部　MAP 折り込み① C2

和洋創咲いろは
わようそうさくいろは

海の幸、山の幸をふんだんに使った極上の料理

　刺身5点盛り2300円や、ホタテのバター焼き650円〜（夏期限定）など島の食材を用いた料理のほか、イタリアンの要素を取り入れた創作料理が揃う。人気店なので要予約。

上／四季折々の魚介類を楽しんで　左下／個室もあり落ちつける　右下／落ち着いた店内

🚌 鴛泊港フェリーターミナルから徒歩約10分　住 利尻富士町鴛泊字本町 ☎ (0163)82-1077　🕐 17:00〜22:00　休 木曜　🅿 あり

カフェ 　エリア 鴛泊中心部　MAP 折り込み① C1

グランスポット
ぐらんすぽっと

ごろごろホタテの激うまカレーは売り切れ必至

　ホタテフライカレーのうまさの秘密は、毎朝鬼脇から仕入れたホタテを生きたまま揚げること。甘味とぷりぷりした食感が違う。エビフライや生ロースを使ったカツ定食も絶品。

左／エビフライ定食1500円とホタテフライカレー1500円　右上／通しで営業しているのでランチタイムを逃したときにもうれしい　右下／ターミナルで30年以上営業していたが、建て替えのときに移転した

🚌 鴛泊港フェリーターミナルから徒歩約15分
住 利尻富士町鴛泊字栄町　☎ なし
🕐 11:00〜19:00　休 不定休　🅿 あり

中華料理 　エリア 鴛泊中心部　MAP 折り込み① C2

笑う門
わらうかど

島で味わう本格四川料理

　本格四川料理の店。札幌で修業したオーナーが作る、陳麻婆豆腐850円（ランチは定食1000円）や担々麺950円がおすすめだ。

🚌 鴛泊港フェリーターミナルから徒歩約20分
住 利尻富士町鴛泊字栄町　☎ (0163) 82-2315
🕐 11:00〜14:00、17:00〜20:00　休 水曜　🅿 なし

和食 　エリア 鴛泊中心部　MAP 折り込み① C1

名取本店
なとりほんてん

ななつ星を使ったご飯がおいしい

　ハイシーズンは団体客のみの受け入れだが、それ以外の時期は一般客も利用可能。宗谷牛のハンバーグ1350円や天丼1120円が人気メニュー。

🚌 鴛泊港フェリーターミナルから徒歩約15分　住 利尻富士町鴛泊字栄町28-2
☎ (0163) 82-1251　🕐 11:00〜14:00　休 不定休　🅿 あり

Voice　食堂丸善の人気メニュー、うにめし丼は近年のウニの不漁により不定期販売となっている。もしも出会えたら非常にラッキーだ。価格も仕入れ値によって変動する。店頭の価格をチェックしてからオーダーしよう。

特産品　エリア 鴛泊中部　MAP 折り込み① D2

だしの専門店 りせん
だしのせんもんてん　りせん

利尻昆布を手軽なだしパックに

昆布のうま味を普段の料理に取り入れてほしいと手軽に使えるだしパックを開発。1袋724円。

⊗ 鴛泊港フェリーターミナルから徒歩約5分
⊞ 利尻富士町鴛泊字港町
☎ (0163) 82-1708　⏰ 7:30〜8:30、11:30〜17:00
休 なし（10月下旬〜5月上旬は休み）　駐車場 なし

特産品　エリア 鴛泊中部　MAP 折り込み① D2

くみあいストアー
くみあいすとあー

海産物からおみやげまで揃う

利尻漁協直営のスーパー。生鮮食品、魚介のほか、おみやげにぴったりな手頃な価格の昆布や、昆布加工品が並ぶ。

⊗ 鴛泊港フェリーターミナルから徒歩約3分　⊞ 利尻富士町鴛泊字港町　☎ (0163) 82-1214　⏰ 8:00〜17:30（11〜3月は9:00〜16:30）　休 なし（11〜3月は土曜12：00〜、日曜休）　駐車場 あり

パン　エリア 鴛泊中部　MAP 折り込み① C2

おかだ菓子店
おかだかしてん

吉永小百合差し入れのパンを焼いた店

映画『北のカナリアたち』のロケ時、吉永小百合さんのために特注パンを焼いたことで有名な店。各種パンは登山時の食事用に買い求める人も。毎日20〜30種類が並ぶ。

⊗ 鴛泊港フェリーターミナルから徒歩約10分　⊞ 利尻富士町鴛泊栄町
☎ (0163) 82-1596　⏰ 10:00〜18:00　休 木曜　駐車場 なし

特産品　エリア 鴛泊中部　MAP 折り込み① D3

ターミナル売店
たーみなるばいてん

フェリーターミナル内で便利

昆布、お菓子、Tシャツ、絵はがきなど、おみやげが各種手に入る。いちばん人気は、利尻山がデザインされたアウトドア靴下1100円。多い日は100足売れることもあるとか。

⊗ 鴛泊港フェリーターミナル内1階
⏰ フェリーに合わせて営業　休 なし　駐車場 あり

特産品　エリア 鴛泊中部　MAP 折り込み① C2

さとう商店
さとうしょうてん

雑貨からアルコールまで種類豊富

おみやげや生活雑貨、アルコールなど多彩なアイテムを揃える。特に人気はアウトドアメーカー、モンベルとコラボしたオリジナルTシャツ。売り切れ続出の人気アイテムだ。

上／人気のモンベルコラボシャツは3630円
左下／島の酒も豊富
右下／地元の人々に愛される店

⊗ 鴛泊港フェリーターミナルから徒歩約10分　⊞ 利尻富士町鴛泊本町　☎ (0163) 82-1151　⏰ 8:00〜19:00　休 なし　駐車場 なし

コンビニエンスストア　エリア 鴛泊中部　MAP 折り込み① C1

セイコーマート
せいこーまーと

おみやげも登山用品も揃うハイパーコンビニ

お弁当やお総菜などの食品はもちろん、おみやげやガス缶などの登山用品まで揃い、頼りになる。島に3軒ある鴛泊店がいちばん広い。

⊗ 鴛泊港フェリーターミナルから徒歩約15分　⊞ 利尻富士町鴛泊字栄町40-2
☎ (0163) 82-1962　⏰ 7:00〜23:00　休 なし　駐車場 あり

スーパーマーケット　エリア 鴛泊中部　MAP 折り込み① A1

ホーマックニコット
ほーまっくにこっと

長期滞在に便利なスーパー

利尻島でいちばん大きなスーパーマーケット。生鮮食品や冷凍食品など自炊に必要なものが揃う。家電や衣料品なども並ぶ、スーパー兼ホームセンターだ。

⊗ 鴛泊港フェリーターミナルから車で約5分　⊞ 利尻富士町鴛泊字富士野46-1
☎ (0163) 82-2711　⏰ 9:00〜20:00　休 なし　駐車場 あり

 利尻昆布にはさまざまな等級、種類がある。ただ高ければよいというわけではない、というのは意外にもお店の人の共通の意見だ。料理法や味の好みなどそれぞれのスタイルに合った昆布があるので、お店の人に相談してみよう。

ペンション エリア 鴛泊中心部　MAP 折り込み① B2

マルゼンペンション レラ モシリ
まるぜんぺんしょん　れら　もしり

利尻山を望む温泉を備えた快適なプチホテル

全客室バス、トイレ完備、機能的で居心地満点。レンタカーや自然ガイドサービスも行っており、観光もアクティビティも楽しめる。夕食にはアツアツのうにめし丼が登場。

上／露天風呂も完備
左下／部屋は清潔。和室はグループに人気
右下／吹き抜けの食堂

- 🚶 鴛泊港フェリーターミナルから徒歩約20分
- 🏠 利尻富士町鴛泊字栄町
- ☎ (0163) 82-2295
- 💴 朝夕1万1000円～
- 客室数 12室
- カード 可　駐車場 あり　URL www.maruzen.com/tic/oyado

ホテル　エリア 鴛泊郊外　MAP P.63B2

雲丹御殿
うにごてん

湾の向こうのペシ岬を望む眺望が自慢

中心部から少し離れているが、海岸沿いにあり開放的な景色が自慢。ホテル名どおり夕食のウニは絶品だ。展望風呂には昆布が浮かび、溶け出した成分に美肌効果があると評判。

上／海に面した食事処。大きくとられた窓の外には絶景が
左下／開放的な浴場
右下／和洋室はグループにも便利

- 🚶 鴛泊港フェリーターミナルから車で約10分
- 🏠 利尻富士町鴛泊野塚
- ☎ (0163) 82-1120
- 💴 朝夕2万8500円～（冬期休業）
- 客室数 14室
- カード 可　駐車場 あり

民宿　エリア 鴛泊中心部　MAP 折り込み① C2

田中家　ひなげし館
たなかや　ひなげしかん

利尻登山の起点にも便利な立地

全20室はすべて和室。全室、バス・トイレ付きだが別に利尻富士温泉が楽しめる大浴場を完備。ゆっくりと疲れを癒やすことができる。晴天の夜は星空観察ツアーなども実施。

上／2階建てのホテル
左下／全室Wi-Fi完備
右下／電動アシスト自転車のレンタルもある（1時間500円）

- 🚶 鴛泊港フェリーターミナルから徒歩約15分
- 🏠 利尻富士町鴛泊字本町
- ☎ (0163) 89-0811
- 💴 素8000円～、朝9500円～、朝夕1万5000円～（冬期休業）
- 客室数 20室
- カード 可　駐車場 あり　URL www.rishiri-hinageshi.com

ホテル　エリア 鴛泊中心部　MAP 折り込み① B1

北国グランドホテル
きたぐにぐらんどほてる

温泉やラウンジを備えた大型ホテル

鴛泊の中心地。利尻富士温泉を引いた浴場や、サンセットが美しい展望ラウンジ、名水・甘露泉水で入れたコーヒーが飲める喫茶店など設備が充実。無料レンタサイクルもあり。

上／ツインルーム
左下／7階のラウンジは見晴らし抜群
右下／海鮮ディナーも人気

- 🚶 鴛泊港フェリーターミナルから徒歩約15分
- 🏠 利尻富士町鴛泊字栄町
- ☎ (0163) 82-1362
- 💴 朝夕1万5000円～（冬期休業）
- 客室数 76室
- カード 可
- 駐車場 あり　URL www.kitaguni-gp.com

voice 鴛泊にある宿泊施設の温泉はすべて利尻富士温泉から湧出する温泉水を専用車で運んできたもの。各施設で加熱、濾過して使用している。平成8年に利尻富士温泉が湧出して以来、1日の終わりに温泉で旅の疲れを癒やすことができるようになった。

花コテージ北国
はなこてーじきたぐに

🏨 ホテル ［エリア］鴛泊中心部 ［MAP］折り込み① A2

キッチン付きで長期滞在にも便利なコテージ

　各部屋にミニキッチンがあり、自炊が可能。広々とした庭にはバーベキュー施設もある。宿泊客は北国グランドホテルの温泉が無料で利用可能だ。

上／コテージの背後に雄大な利尻山　左下／夕食は予約制でオーダー可能　右下／木のぬくもりあふれる

🚶 鴛泊港フェリーターミナルから徒歩約18分
🏠 利尻富士町鴛泊字栄町
☎ (0163) 82-1362　💰 朝夕1万5000円～（冬期休業）
客室数 6室　駐車場 あり　URL www.kitaguni-gp.com

ホテルあや瀬
ほてるあやせ

🏨 ホテル ［エリア］鴛泊中心部 ［MAP］折り込み① C2

和洋折衷のモダンなホテル

和の情緒と洋風の機能性を併せもつ快適なホテル。温泉を引いた大浴場や、バリアフリールームもある。

🚶 鴛泊港フェリーターミナルから徒歩約20分
🏠 利尻富士町鴛泊字栄町
☎ (0163) 82-1560　💰 朝夕1万5400円～（冬期休業）
客室数 53室　カード 可　駐車場 あり

ペンション ヘラさんの家
ぺんしょん へらさんのいえ

🏨 ペンション ［エリア］鴛泊中心部 ［MAP］折り込み① D2

海と夕日を望む三角屋根のペンション

島育ちの旬の魚介と生ウニはもちろん、産地直送無農薬野菜など料理にこだわる。海を望むお風呂も好評。

🚶 鴛泊港フェリーターミナルから徒歩約3分
🏠 富士町鴛泊港町
☎ (0163) 82-2361　💰 朝夕1万4850円～（冬期休業）
客室数 11室　URL http://www.rishiri-yume.com/

利尻富士観光ホテル
りしりふじかんこうほてる

🏨 ホテル ［エリア］鴛泊中心部 ［MAP］折り込み① D2

フェリーターミナル前で至便の立地

　フェリーターミナルから徒歩約2分。館内に利尻富士温泉を引いた大浴場があり、旅の疲れをゆっくりと癒やすことができる。夕食は、島の味覚をふんだんに使った料理が好評。

上／コインランドリー完備　左下／客室の大半はくつろげる和室タイプ　右下／魚介を満喫できる

🚶 鴛泊港フェリーターミナルから徒歩約3分
🏠 利尻富士町鴛泊字港町
☎ (0163) 82-1531　💰 朝夕1万2000円～（冬期休業）
客室数 45室　カード 可　駐車場 あり　URL www15.plala.or.jp/fujikan

利尻マリンホテル
りしりまりんほてる

🏨 ホテル ［エリア］鴛泊中心部 ［MAP］折り込み① D2

ペシ岬麓にある、眺望自慢のホテル

　28m²のラージツインは大正モダンをイメージ。窓からは鴛泊港の向こうにそびえる利尻山を一望。利尻富士温泉を引いた館内の温泉も気持ちよく、快適な滞在を約束してくれる。

上／鴛泊港に面して立つ　左下／トロトロのお湯が気持ちいい　右下／ラージツインの客室

🚶 鴛泊港フェリーターミナルから徒歩約8分
🏠 利尻富士町鴛泊字港町
☎ (0163) 82-1337　💰 朝夕1万7600円～（冬期休業）
客室数 49室　カード 可　駐車場 あり　URL www.marine-h.com

voice ＞ 島の観光ホテルの多くは、4～10月頃の営業ということが多い。冬場も営業している宿泊施設は、民宿がメインだ。冬場のアクティビティを実施する、利尻ネイチャーガイドサービスと同経営のマルゼンペンションレラモシリ（→ P.68）は冬場も営業。

69

オタトマリ・鬼脇・仙法志

利尻山の力強い山容を望むことがきる、絶景スポットが点在する利尻島南部のエリア。

観る・遊ぶ

**雄大な利尻山を楽しむ
展望スポットが豊富**

　オタトマリ沼、白い恋人の丘、南浜湿原、仙法志御崎公園など、利尻山を望む展望スポットが点在。オタトマリ沼ではハイキングも楽しい。白い恋人の丘からは、北海道銘菓「白い恋人」のパッケージに使われた利尻山の姿が。また仙法志御崎公園には夏場のみアザラシがいる。

食べる・飲む

**オタトマリ沼周辺で
気軽な島グルメを**

　展望スポットとして有名なオタトマリ沼では、ウニやホタテ、ツブ貝などが気軽に楽しめる店が4軒並ぶ。鬼脇の「味彩 川一」は鴛泊や沓形からも人々が訪れるラーメンの人気店。仙法志御崎公園の駐車場には、パンのワゴン販売が出ており、素朴な味わいが好評だ。

買う

**昆布や海産加工品など
島のおみやげが手に入る**

　オタトマリ沼の「利尻亀一」では、自社製の利尻昆布や加工品など、ここでしか手に入らないアイテムが人気だ。また鬼脇の「利尻こんぶ生産者直売所」は直売ならではの低価格と高品質な昆布が自慢。仙法志御崎公園近くの「畑宮商店」のとろろ昆布も絶品だ。

泊まる

**小さな民宿や
キャンプ場がある**

　このエリアには大きなホテルはない。鬼脇に「プチホテル川一」と「旅館富士」の2軒があるのみだ。オタトマリ沼の近くには沼浦キャンプ場があり、無料で利用可能。炊事場とトイレはあるが入浴施設はないので、鬼脇にある温泉施設「北のしーま」を利用しよう。用具のレンタルはない。

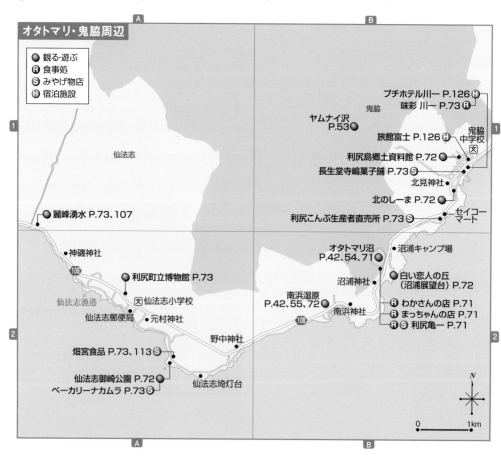

オタトマリ・鬼脇周辺

- ● 観る・遊ぶ
- R 食事処
- S みやげ物店
- H 宿泊施設

プチホテル川一 P.126 H
味彩 川一 P.73 R

鬼脇

ヤムナイ沢
P.53 ●

旅館富士 P.126 H

鬼脇中学校区

利尻島郷土資料館 P.72 ●

長生堂寺嶋菓子舗 P.73 ●

北見神社 ●

仙法志

北のしーま P.72 ●

利尻こんぶ生産者直売所 P.73 S

セイコーマート

● 麗峰湧水 P.73、107

オタトマリ沼
P.42、54、71 ●

● 沼浦キャンプ場

● 神磯神社

● 利尻町立博物館 P.73

区 仙法志小学校

仙法志漁港

仙法志郵便局

沼浦神社

● 白い恋人の丘
（沼浦展望台）P.72

● 元村神社

南浜湿原
P.42、55、72 ●

南浜神社

R わかさんの店 P.71
R まっちゃんの店 P.71
R S 利尻亀一 P.71

野中神社

畑宮食品 P.73、113 S

仙法志御崎公園 P.72

ベーカリーナカムラ P.73 S

仙法志埼灯台

0　　1km

N

📷 沼 エリア オタトマリ MAP P.70B2
オタトマリ沼
おたとまりぬま

利尻を代表する景観のひとつ

風のない日は、オタトマリ沼に映った利尻富士が鏡映しになり、その景色と合わせて、利尻山が最も美しく見られる場所といわれている。湖の周囲には遊歩道が設けられているので時間があればぜひ散策を。沼の周辺には3軒の売店があり、観光バスが訪れると一気に活気づく。

上／アルペンムード漂う利尻山 左下／1周15分の遊歩道 右下／飲食店もある

🚌 鴛泊港フェリーターミナルから車で約35分 🅿️ あり

🎁 特産品 エリア オタトマリ MAP P.70B2
利尻亀一
りしりかめいち

大型みやげ物店に飲食スペースを併設

島の名産品と名物グルメが味わえるみやげ店。物販スペースでは利尻昆布やだしなどのおみやげを販売。軽食では、三食丼やうに寿司、万年雪ソフトが人気メニュー。

上／昆布や加工製品を販売 左下／イクラ、ウニ、ホタテがのった人気の丼 右下／昆布や魚介の加工品も人気

🚌 鴛泊港フェリーターミナルから車で約40分
🏠 利尻富士町鬼脇字沼浦 ☎ (0163) 83-1361
🕐 8:30〜17:30 休 なし（11月上旬〜4月中旬は休み） 🅿️ あり

オタトマリ沼で楽しむ島のちょいグルメ

各店工夫を凝らした島のグルメが集結

オタトマリ沼の駐車場の一角にある「利尻富士町レストハウス」には2軒の飲食店が入っている。それぞれが島の食材を生かした自慢のメニューを掲げており、これがなかなかイケるのだ。水揚げされたばかりの新鮮なホタテの炭火焼きやウニの握りなど、1皿から気軽に楽しめるのもうれしい。

オタトマリ沼の真ん前にあるレストハウス

ホタテとみそ汁、タコのセット 400円（わかさんの店）

活ホタテのバター焼き 550円（まっちゃんの店）

自家製かまぼこ2本 300円（わかさんの店）

鮮度抜群のたこさし 500円（わかさんの店）

シンプルに焼いて

ふっくらツブ貝は1皿700円（まっちゃんの店）

MAP P.70B2 🚌 鴛泊港フェリーターミナルから車で約40分 🏠 利尻富士町鬼脇字沼浦 🅿️ あり

わかさんの店
鮮度、手作りにこだわる

利尻の本物の味を伝えたいと朝取れの素材や化学調味料を極力使用しない自家製の味にこだわる。秘伝のたれで焼くホタテは絶品。

☎ (0163)83-1633 🕐 7:00〜16:30 休 なし（11月〜4月中旬は休み）

まっちゃんの店
大きな身のツブが絶品

注文を受けてから炙るツブ貝700円は大ぶりでジューシー。はまなすや熊笹のソフトクリーム350円も人気だ。

☎ (0163)83-1028 🕐 8:30〜16:30 休 なし（11月〜4月中旬は休み）

---

voice 利尻亀一の本店は鬼脇にある。オタトマリ沼の店舗はシーズン中のみの営業だが、鬼脇の店舗は1年中営業している。人気は、イカ、昆布、白ゴマ、黒ゴマなどが配合されたオリジナルふりかけ「利尻ッ子」だ。

📷 展望台　　エリア 鬼脇　MAP P.70B2
白い恋人の丘
しろいこいびとのおか

あの人気お菓子のパッケージの写真はここ

　北海道みやげの定番「白い恋人」のパッケージ写真となったのがここから見た利尻山。正式には沼浦展望台という。白い雪が残っている風景を見られるのはだいたい7月上旬まで。ここでプロポーズをし、フェリーターミナルの観光案内所で記念写真を提示すると「プロポーズ証明書」がもらえる。

上／坂道を上り切った所にある
左下／銘菓のパッケージ
右下／これがプロポーズ証明書だ！

🚗 鴛泊港フェリーターミナルから車で約35分　🅿 あり

📷 沼　　エリア 仙法志　MAP P.70B2
南浜湿原
みなみはましつげん

利尻富士町の文化財にも指定されている湿原

　高層湿原と低層湿原が混在した珍しい湿原。日本では唯一ここにだけ存在するといわれている。駐車場すぐの所に木道が整備されているので、気軽にトレッキングが楽しめて人気。

🚗 鴛泊港フェリーターミナルから車で約40分　🅿 あり

📷 日帰り温泉　　エリア 鬼脇　MAP P.70B1
北のしーま
きたのしーま

町営の温泉保養施設

　鴛泊の利尻富士温泉からトラックで運んだ温泉水を楽しむことができる日帰り温泉。地元の人々の交流の場になっている。

🚗 鴛泊港フェリーターミナルから車で約30分　🏠 利尻富士町鬼脇字鬼脇19　☎ (0163) 83-1180　🕐 15:00〜21:00 (10〜4月は〜20:20)　🈲 月曜、第4金曜　💰 大人500円、小学生以上250円　🅿 あり

📷 資料館　　エリア 鬼脇　MAP P.70B1
利尻島郷土資料館
りしりとうきょうどしりょうかん

利尻の歴史や暮らしについての詳細な展示

　館内は小さいながらも、利尻の歴史や自然、文化などの詳細な展示があり、じっくり見て回れば1時間はかかる。特に明治45年、海を渡ってやってきたヒグマの記述は興味深い。

上／村役場として使われた洋館
左下／利尻の動植物も紹介
右下／島の暮らしを再現

🚗 鴛泊港フェリーターミナルから車で約30分　🏠 利尻富士町鬼脇字鬼脇257　☎ (0163) 83-1620　🕐 9:00〜17:00　🈲 火曜 (祝日の場合翌日が休み。7〜8月は無休、11〜4月は閉館)　💰 大人200円、中学生100円、小学生50円　🅿 あり

📷 公園　　エリア 仙法志　MAP P.70A2
仙法志御崎公園
せんほうしみさきこうえん

夏場はアザラシが出張来島

　かつて山から流れ出した溶岩流が冷えて固まった荒々しい海岸線とその向こうにそびえる利尻富士の景色が見事。夏場は稚内から出張してきたアザラシに合うことができる。

上／多彩な表情を見せる利尻山
左下／餌は100円で販売
右下／アザラシに魚をあげてみよう

🚗 鴛泊港フェリーターミナルから車で約30分　🅿 あり

📷 博物館　エリア 仙法志　MAP P.70A2

利尻町立博物館
りしりちょうりつはくぶつかん

小さいながら利尻の魅力がぎっしり

　島内の遺跡から発掘された資料や、かつて島の基幹産業だったニシン漁の歴史、島の植物や動物などをわかりやすく展示。島で唯一現存する枠船など、貴重な資料もある。

上／ニシン漁で使われた船　左下／漁師たちの暮らしを再現　右下／広さのわりに見応えがある

🚗 鴛泊港フェリーターミナルから車で約30分
🏠 利尻町仙法志字本町136
📞 (0163)85-1441　🕐 9:00 〜 17:00（入館は〜 16:30）
🚫 月曜、祝日の翌日（7 〜 8月は無休）
💴 大人 200円、高校生以下無料　🅿 あり

📷 名水　エリア 沓形郊外　MAP P.70A1

麗峰湧水
れいほうゆうすい

長い年月をかけて濾過されたおいしい水

　沓形から南に向かう道路沿いにある水場。山に降った雪や雨が地中に浸透し、麓で湧き出したもの。ミネラル豊富で、昆布だしを取ると香りがよいという。アクセスがよいので島の人も通う。

🚗 鴛泊港フェリーターミナルから車で約25分　🅿 あり

🍜 海鮮・ラーメン　エリア 鬼脇　MAP P.70B1

味彩　川一
あじさい　かわいち

ランチタイムは大にぎわいの人気店

　絶品ラーメンが味わえる店として地元で大人気。味噌広東 1000円にチャーシュートッピング 200円がおすすめ。

🚗 鴛泊港フェリーターミナルから車で約30分
🏠 利尻富士町鴛泊鬼脇　📞 (0163)83-1268
🕐 11:00〜14:00　🚫 水曜（10〜5月は休み）　🅿 あり

🎁 特産品　エリア 鬼脇　MAP P.70B1

利尻こんぶ生産者直売所
りしりこんぶせいさんしゃちょくばいじょ

自社で水揚げ、加工する安心昆布

　生産者直売のため良質な昆布を低価格で販売。最高級利尻昆布から、料理に最適な切り昆布、根昆布など種類が豊富。

🚗 鴛泊港フェリーターミナルから車で約30分　🏠 利尻富士町鬼脇字金崎　📞 (0163) 83-1480　🕐 9:00〜17:00（11月〜4月下旬は休み）　🅿 あり　🌐 www.rishirikonbu.com

🎁 パン　エリア 仙法志　MAP P.70A2

ベーカリーナカムラ
べーかりーなかむら

創意あふれる総菜パンが人気

　夏場は仙法志御崎公園の駐車場で、冬は沓形の店で営業。いちばん人気はあんこと練乳クリームたっぷりのようかんパン 300円。

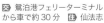

🚗 鴛泊港フェリーターミナルから車で約30分　🏠 仙法志御崎公園駐車場（→ P.72）　📞 なし　🕐 9:30〜15:30
🚫 なし（11月中旬〜4月中旬は休業）　🅿 あり

🎁 スイーツ　エリア 鬼脇　MAP P.70B1

長生堂寺嶋菓子舗
ちょうせいどうてらしまかしほ

創業 130年の老舗菓子舗

　北海道でも最古の部類に入る菓子屋。人気は利尻プリン 280円。メープル、ゴマ、クマザサの3種類の味を展開。

🚗 鴛泊港フェリーターミナルから車で約30分
🏠 利尻富士町鬼脇　📞 (0163) 83-1416
🕐 7:00〜20:00　🚫 なし　🅿 なし

🎁 特産品　エリア 仙法志　MAP P.70A2

畑宮食品
はたみやしょくひん

できたてのとろろ昆布は別格の味

　仙法志御崎公園の向かい。昆布や昆布加工品が手に入る。ガラスの向こうで、とろろ昆布ができる様子を見ることができる。

🚗 鴛泊港フェリーターミナルから車で約30分　🏠 利尻町仙法志御崎　📞 (0163)85-1778　🕐 8:30〜17:00
🚫 なし（11〜4月中旬は休み）　🅿 あり

✉📶 利尻町立博物館はなかなか見応えがありました。遺跡関連の資料が充実しており、利尻に古くから人が住んでいて文明を築いていたことに驚きました。ニシン漁で栄えた時代の話なども興味深く、訪れた価値がありました。（鳥取県　みみこ）

沓形
くつがた

利尻町西部にある沓形。飲食店、ショップ、ホテルなどが徒歩圏内に集約され、思いのほか過ごしやすい。夏期には礼文島を結ぶフェリーが運航する。

📷 観る・遊ぶ

体験プレイスポットも！

　市街地に沓形岬公園や、古い海産物問屋を改築したギャラリーやカフェを併設する複合施設「島の駅」といった観光スポットがあり、町を散策しながらのんびりと観光したいのが沓形。集落から車で10分ほどの場所に位置する神居海岸パークでは、各種体験や軽食ブースが用意されるほか、遊歩道や休憩エリアが整備され、近隣随一の観光スポットとなっている。

📷 買 う

日用品も特産品も必要十分な品揃え

　買い物ができる場所はそれほど多くはないが、オリジナル海産物を扱う商店や、天皇に献上したまんじゅうを販売する「思縁」など個性的な店がある。フェリーターミナル南側に物産を扱う店がいくつか軒を連ねるほか、「島の駅」内には地元の特産やオリジナル商品などが並び、おみやげ探しにおすすめ。何かと便利なセイコーマートは宗谷バスターミナルの南隣にある。

🍶 食べる・飲む

地元民御用達の食事処が充実

　町の規模に対して充実しているのが飲食店。中心部にラーメンから海鮮丼、定食屋からバーまで幅広いジャンルの店が揃っている。どちらかといえば地元客向けの店が多く、手頃な価格でおいしい食事にありつけるのもうれしい。ただしランチタイムが終わるとのれんをしまう店も多いので、食事のタイミングには気をつけて。夜も訪れる前に電話で確認しよう。

🏨 泊まる

ホテルから民宿までひととおり揃う

　町営の「ホテル利尻」と沓形岬公園付近にある「アイランド イン リシリ」が沓形の主要なホテル。利便性もよく設備が充実しているので、利尻町方面の旅の拠点とするとよい。ホテル利尻の温泉は泉質がよく、町民も日帰り入浴でよく利用する。また代々営まれる旅館や家族経営の民宿も多く、新鮮な海の幸とあたたかいサービスでもてなしてくれるだろう。

📷 神社　　エリア 沓形中心部　　MAP 折り込み③ D2

北見冨士神社
きたみふじじんじゃ

沓形の漁を見守る神社

　境内には大正天皇の即位を記念した御大禮記念碑が立つ。毎年6月下旬には豊漁と安全を願う例大祭が開催され、登城奴などの行列やお神輿が町内を練り歩く。

🚌 宗谷バスターミナルから徒歩約4分　　🅿️ あり

📷 公園　　エリア 沓形中心部　　MAP 折り込み③ A2

沓形岬公園
くつがたみさきこうえん

利尻山も礼文島も眺望抜群

　沓形市街地の西端にあり、地元民の間では「どんと岬」と呼ばれ親しまれている。公園内にはビジターセンターやキャンプ場も備え、季節ごとに咲く海岸植物が目を楽しませてくれる。

🚌 宗谷バスターミナルから徒歩約10分　　🅿️ あり

📷 碑　　エリア 沓形中心部　　MAP 折り込み③ C2

沓形大火記念碑
くつがたたいかきねんひ

市街地を焼き尽くした大火を記録する

　昭和39年5月15日、町の大半を焼き尽くす大火が発生した。その大災害の記録を後世に残す石碑が、町の中心部にひっそりとたたずむ。毎年5月15日には消防演習も実施される。

🚌 宗谷バスターミナルから徒歩約3分　　🅿️ あり

📷 碑　　エリア 沓形中心部　　MAP 折り込み③ A2

時雨音羽詩碑・音楽碑
しぐれおとはしひ・おんがくひ

港に向かって詩碑が立つ

　時雨音羽は沓形に生まれ、昭和時代に活躍した作詞家。なかでも第3回レコード大賞グランプリに輝いたフランク永井の『君恋し』は有名だ。碑石は沓形岬公園内にある。

🚌 宗谷バスターミナルから徒歩約11分　　🅿️ あり

VOICE　沓形岬公園は美しい夕日を眺められるスポットでもある。真っ赤に焼けた大きな太陽が豪快に海のかなたに沈むさまは、まるで「ジュッ」と音が聞こえてくるかのような迫力だとか。

人面岩 じんめんいわ

📷 景勝地　エリア 沓形郊外　MAP 折り込み② B3

見る角度を工夫してみて

岩場の中を見渡すと、周囲より頭ひとつ飛び出し、しめ縄がなされた岩が見つかる。これが人面岩とされ、言われてみるとハチマキを巻いた男の横顔のように見えるかも？

🚌 宗谷バスターミナルから車で約 13 分　🅿 あり

会津藩士の墓 あいづはんしのはか

📷 墓　エリア 沓形郊外　MAP 折り込み② A1

犠牲となった藩士を弔う

江戸幕府より北方警備の命を受け、この地で非業の死を遂げた会津藩士を弔った墓碑が立つ。ロシアからの直接の襲来はなかったが、当時の粗悪な住環境や栄養不足が災いした。

🚌 宗谷バスターミナルから車で約 4 分　🅿 あり

寝熊の岩 ねぐまのいわ

📷 景勝地　エリア 沓形郊外　MAP 折り込み② B3

こんなところにクマ出没!?

海に向かってクマが寝そべっているような形をした奇岩。その昔、先住民の住居跡とみられる大きな穴洞がこのあたりに存在したとされ、この岩もその名残だといわれている。

🚌 宗谷バスターミナルから車で約 13 分　🅿 あり

北のいつくしま弁天宮 きたのいつくしまべんてんぐう

📷 神社　エリア 沓形郊外　MAP 折り込み② B3

龍神の岩が弁財天を守護する

鳥居をくぐると海に突き出た岩場に橋が架けられ、そこには朱色のほこらが建立されている。嵐に遭った弁財船が弁天さまに救われたことから建立されたという伝承がある。岩場は龍神の岩と呼ばれ、ともに信仰されている。

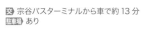

🚌 宗谷バスターミナルから車で約 13 分　🅿 あり

神居海岸パーク かむいかいがんぱーく

📷 体験施設　エリア 沓形郊外　MAP 折り込み② A2

利尻島ならではの体験ができる

もともと漁師の船揚げ場だった海岸を利用した体験施設。ウニ取りやウニむき、利尻昆布のおみやげ作りなどが体験できる。隣接するカムイテラスからは、利尻山を一望できる。

上／海を見ながら休憩できる　左下／海の向こうに礼文島が見える　右下／ウニ取り体験ができる

🚌 宗谷バスターミナルから車で約 10 分　🏠 利尻町沓形字神居 149-2
☎ (0163) 84-3622（利尻町観光協会）
🕐 9:00～16:30　🈺 なし（2023年は5月1日～10月10日まで営業）
💴 体験プログラムは有料（→P.59、P.60）　🅿 あり

見返台園地 みかえりだいえんち

📷 公園　エリア 沓形郊外　MAP 折り込み② B2

島の 4 分の 1 が見渡せる展望台

利尻山の 4 合目と 5 合目の間、標高約 450m に位置し、周囲をハイマツに囲まれた展望台からは、西海岸に沈む夕日から、背後にそびえ立つ利尻山頂までを一望することができる。沓形登山道入口の先にある駐車場から展望台までは徒歩約 10 分。急坂となっているので、歩きやすい靴で行こう。

上／広々とした展望台。日が沈み切る前に戻ろう　左下／芝生の休息エリア　右下／沓形登山道の出発点

🚌 宗谷バスターミナルから車で約 12 分　🅿 あり

---

voice 北のいつくしま弁天宮のほこらが建つ大岩は、龍神の岩と呼ばれ弁天宮の守護神として祀られている。ある日何者かが地鳴りを立ててやって来てこの大岩で消えたことから、この岩にほこらを建てて信仰するようになったという伝承が残っている。

ウニ種苗生産センター
うにしゅびょうせいさんせんたー

ウニの生態を知ることができる

　利尻近海のウニの生息数を守るため、採卵、受精したウニの赤ちゃんを育て、海に放流している施設。一部は自由に見学することができる。

🚌 宗谷バスターミナルから車で約4分　🏠 利尻町沓形種富町102　📞 (0163)84-3599
🕐 9:00〜17:00　❌ 土・日曜、祝日　🅿 あり

🍜 食堂　**エリア** 沓形中心部　**MAP** 折り込み③ C3

まつや食堂
まつやしょくどう

地元密着の昔ながらのラーメン食堂

　正統派の豚骨醤油ラーメンを味わうならここ。透き通るようなスープは、先代の母親から受け継いだしレシピ。メニューはラーメン700円とカレーのみ。

🚌 宗谷バスターミナルから徒歩約2分　🏠 利尻町沓形字富士見町60　📞 (0163)84-2003
🕐 11:30〜14:00　❌ 水曜　🅿 あり

🍚 食堂　**エリア** 沓形中心部　**MAP** 折り込み③ C2

勿忘草
わすれなぐさ

町の人々に愛される定食屋

　定食や丼ものなどを多く取り揃え、地元で愛されている食堂。種類豊富なラーメンのなかでも、ぴりっと効いたラー油の辛さがクセになるラーユタンメン880円がいちばん人気。

上／ギョーザ各450円も人気　左下／カウンターとテーブル席がある　右下／ひっそりたたずむ名店だ

🚌 宗谷バスターミナルから徒歩すぐ　🏠 利尻町沓形字緑町　📞 (0163)84-2980　🕐 11:00〜14:00、17:00〜21:00　❌ 月曜　🅿 あり

島の駅利尻でほっとひと休み

①観光客、地域の人々ともに集う場所

築約120年の海産物問屋を改装し人々の集う場に

　沓形の町なかにあるギャラリー＆カフェ。建物手前はカフェ「自休自足　りしりに恋し店」になっておりランチタイムにはチーズカレーやトマトリゾット1000円などが味わえる。母屋では海産物問屋時代の調度品が展示されている。ギャラリーを抜けると四季折々の花が彩る中庭があり、その奥にはかつて昆布などを貯蔵していた石蔵を改装したギャラリーが。内部には海藻押し葉の作品やオブジェなど、島の美しい自然を表現した作品を展示する。一角では、海藻押し葉体験（→P.60）もできる。

ランチメニューはすべてサラダ、スープ付きで1000円

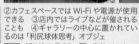

②カフェスペースでは Wi-Fi や電源が使用できる　③店内ではライブなどが催されることも　④ギャラリーの中心に置かれているのは「利尻球体思考」オブジェ

MAP 折り込み③C2　🚌 宗谷バスターミナルから徒歩約5分　🏠 利尻町沓形字本町51　📞 (0163)85-7755
🕐 10:00〜16:00　❌ 火曜（10〜3月は月・火曜）　🅿 なし

ウニ種苗生産センターでは、特に解説してくれる人などはいないのですが、わかりやすいパネルがあり、ウニの生態を自分のペースでじっくり見て回ることができました。入口にはウニ関連のアイテムが入ったマニアックなガチャがあります。(東京都　ウニ二)

🍚 食堂　エリア 沓形中心部　MAP 折り込み③ C2
常寿司
つねずし

旅館を改装した空間で寿司を堪能

　地元出身の店主が握る、沓形で唯一の本格寿司店。落ち着いた雰囲気で、地魚のにぎりセット1100円〜や一品料理を堪能できる。シーズンにはウニも登場。

🚌 宗谷バスターミナルから徒歩約3分　🏠 利尻町沓形字本町10　☎ (0163)84-2222
🕐 18:00 〜 21:00　🈵 不定休（要問い合わせ）　🅿 あり

🍚 食堂　エリア 沓形中心部　MAP 折り込み③ C2
大漁亭
だいりょうてい

ウニの土瓶蒸しが美味

　明治41年創業の老舗料理店。6〜9月はウニ料理が味わえ、看板メニューはウニの土瓶蒸し（5000円〜。要予約）。昆布のだしが効いた滋味深い味わいだ。

🚌 宗谷バスターミナルから徒歩約3分　🏠 利尻町沓形字本町42　☎ (0163)84-2308
🕐 11:00 〜 20:00　🈵 なし　🅿 なし

🍜 ラーメン　エリア 沓形中心部　MAP 折り込み③ C3
利尻らーめん味楽
りしりらーめんみらく

ミシュランお墨付きの名物ラーメン

　『ミシュランガイド北海道2012』からビブグルマンに選出されている実力店。人気は焼き醤油らーめんで、利尻昆布だしをブレンドしたガラスープと焼き醤油のまろみ＆香ばしさが美味。

上／焼き醤油らーめん930円　左下／奥には座敷もある　右下／昼時には行列ができる人気店

🚌 宗谷バスターミナルから徒歩約1分　🏠 利尻町沓形字本町67
☎ (0163)84-3558　🕐 11:30 〜 14:00　🈵 木曜　🅿 あり

🍚 食堂　エリア 沓形中心部　MAP 折り込み③ C2
利尻ふる里食堂
りしりふるさとしょくどう

ホッケのちゃんちゃん焼きをぜひ！

　おいしいホッケをいただくならここ。最も脂の乗った7月末〜9月に取れたアカボッケのみを使用する。「メニューにない魚も揃えているのでぜひお尋ねを」と店主の成田納さん。

左／ホッケのちゃんちゃん焼き 1500円　右上／テーブル席と座敷がある　右下／威勢のよいご主人が切り盛りする

🚌 宗谷バスターミナルから徒歩約4分　🏠 利尻町沓形字本町17
☎ (0163)84-3393　🕐 11:00 〜 13:30、18:00 〜 21:00
🈵 日曜　🅿 なし

🍸 バー　エリア 沓形中心部　MAP 折り込み③ C2
銘酒 BAR Tecchi
めいしゅばー てっち

常時50種類の日本酒が揃う

　利尻島出身のオーナーが2018年にオープンしたバー。豊富に揃う日本酒は1杯600円〜。オーナーが開発に携わった利尻のお酒「麗峰の雫」もぜひお試しを。

上／チーズやキーマカレーといったおつまみもある　左下／島随一の品揃え　右下／レアな日本酒に出合えるかも

🚌 宗谷バスターミナルから徒歩約4分
🏠 利尻町沓形字富士見町 56-2　☎ (0163)85-7466
🕐 19:00 〜 23:00　🈵 木曜　💳 可　🅿 なし

voice 利尻町、利尻富士町、礼文町の商店などが連携し作ったのが、島限定の日本酒「麗峰の雫」だ。名水として知られる利尻の水を倶知安町にある酒造所に運び醸造。まろやかで香り高い日本酒となった。島の飲食店で飲める。

交流スペース　エリア 沓形中心部　MAP 折り込み③ D1

ツギノバ
つぎのば

カフェやコワーキングスペースを備えた交流スペース
　旧沓形中学校舎を改装したカフェラウンジ。カフェとしてはもちろん、コワーキングスペースとしても利用可。また利尻町定住移住支援も行っており、移住について相談できる。

上／くつろげる館内　左下／500円のワンドリンク制　右下／島の求人情報も手に入る

🚍 宗谷バスターミナルから徒歩約10分　🏠 利尻町沓形字日出町55（旧沓形中学校技術室内）　☎ 050-8880-6920
🕐 9:30～16:30　休 なし　🅿 あり

特産品　エリア 沓形中心部　MAP 折り込み③ C2

津田商店
つだしょうてん

町の頼れるよろず屋
　島の駅の斜め向かいにある北海道産の地酒や島の名産品を扱う商店。もともとは金物屋だが、日用品はもちろん釣具やキャンプ道具も揃える、沓形では貴重な存在だ。

🚍 宗谷バスターミナルから徒歩約2分　🏠 利尻町沓形字本町55
☎ (0163)84-2050　🕐 8:30～19:00　休 日曜　🅿 なし

特産品　エリア 沓形中心部　MAP 折り込み③ C3

米田商店
よねたしょうてん

自社工場加工の魚介製品を扱う
　ウニや利尻昆布などおみやげにぴったりな海の幸が手に入る。スケトウダラの白子をかまぼこのように加工した、たちかま520円は、味噌汁やバター焼きなどにして食される珍味。

🚍 宗谷バスターミナルから徒歩約1分　🏠 利尻町沓形字本町
☎ (0163)84-3022　🕐 8:30～18:00　休 なし　🅿 あり

雑貨　エリア 沓形中心部　MAP 折り込み③ A2

CHICO GARAGE
ちこ がれーじ

とっておきの島みやげを手に入れるならここ
　オリジナルTシャツや島内企業とのコラボ雑貨、島のアーティストのアイテムが並ぶ雑貨店。カフェスペースもあり、軽食やコーヒー、ビールなどを楽しむことができる。

上／気の利いた雑貨がずらり　左下／麗峰の雫甘酒550円とプレッツェルドッグ430円　右下／イートインもできる

🚍 宗谷バスターミナルから徒歩約11分
🏠 利尻町沓形字富士見町134　☎ (0163)85-7375
🕐 10:00～20:00　休 なし（10～4月は火曜）　🅿 あり

特産品　エリア 沓形中心部　MAP 折り込み③ A2

マリンハウス
まりんはうす

島の花と流木オブジェが出迎える
　沓形岬公園内にあるみやげ物店。人気なのは昆布の塩気とまぶした砂糖が絶妙なゆきこんぶ700円。映画『北のカナリアたち』の撮影で訪れた吉永小百合のお気に入りだったそう。

🚍 宗谷バスターミナルから徒歩約11分　🏠 利尻町沓形字富士見町
☎ (0163)84-2992　🕐 10:00～17:00　休 不定休　🅿 あり

ゲストハウス　エリア 沓形中心部　MAP 折り込み③ C3

利尻島ゲストハウス 1721
りしりとうげすとはうす 1721

海抜4mにあるゲストハウス
　シングルタイプと男女別ドミトリーのあるゲストハウス。ネイチャーガイドも手がけアクティビティの相談もできる。バーを併設。

🚍 宗谷バスターミナルから徒歩約5分
🏠 利尻町沓形字富士見町75　☎ (0163)84-2561
🛏 ドミトリー素4250円～、シングル素4700円～　🅿 あり

---

voice 利尻唯一のアパレルブランドというCHICO GARAGE。利尻の自然やカルチャーをモチーフにオーナー夫妻がデザインしたアイテムがしゃれている。地元企業とのコラボアイテムも多数あり、勿忘草、津田商店など、推し店のTシャツも見つかるかも!?

ホテル [ホテル] [エリア]沓形中心部 [MAP]折り込み③ B2
ホテル利尻
ほてるりしり

露天風呂から最北の日本海を眺める至福

利尻町が運営するホテル。利尻・礼文島で唯一の源泉掛け流し天然温泉大浴場「利尻ふれあい温泉」が自慢で、宿泊客以外でも利用可能だ。客室は和洋それぞれ用意する。

上／炭酸水素塩泉を含み、肌がすべすべに 左下／沓形のランドマーク 右下／全客室トイレ・シャワー完備

🚌 宗谷バスターミナルから徒歩約6分
🏠 利尻町沓形字富士見町90 ☎ (0163)84-2001
💴 朝夕1万2000円〜（冬期休業） [客室数] 71室 [カード] 可
[駐車場] あり [URL] http://hotel.rishiri.jp

ホテル [ホテル] [エリア]沓形中心部 [MAP]折り込み③ B2
アイランド イン リシリ
あいらんどいんりしり

眺望、温泉、食それぞれに贅を尽くす

沓形岬公園に隣接するホテル。山と海、両方のビューポイントを備えるほか温泉浴場も充実。「利尻ふれあい温泉 秀峰の湧（しゅうほうのゆ）」など3種の温泉を楽しめる。

上／岬に面し、眺望は抜群 左下／客室はWi-Fiフリー 右下／利尻や北海道産の食材が中心のビュッフェ

🚌 宗谷バスターミナルから徒歩約8分
🏠 利尻町沓形字富士見町30 ☎ (0163)84-3002
💴 朝夕4万円〜（冬期休業） [客室数] 55室 [カード] 可
[駐車場] あり [URL] www.rishirihotel.com

ミルピス商店

島内唯一の自家製乳酸飲料！

沓形市街から鴛泊方面へ車を走らせると、のどかな風景の中にぽつんと赤いのぼりを立てた建物が姿を現す。ここが島内で唯一の自家製乳酸飲料「ミルピス」の販売店だ。店主の森原八千代さんはもともと酪農家。家庭用に作っていたものを知人に振る舞ったところ好評だったことから1967年から牧場の商品として製造開始。90年に酪農から身を引いてからもミルピスの生産を続け、現在にいたる。「売り始めてからすぐに種類が増えていったわ」と商品開発にも熱心で、今ではハマナスや昆布など、18種もの味が楽しめる。各430円（瓶の持ち帰りはプラス50円）。

店は酪農を営んでいたときの建物を改装したもの

[MAP]折り込み② A1
🚌 宗谷バスターミナルから車で約7分 🏠 利尻町沓形字新湊153 ☎ (0163)84-2227 ⏰ 7:00〜18:30 [休]なし
[駐車場] あり

左／ミルピスを手に店主の森原さん 中上／飲み終えたあとの瓶のフタ 右上／利尻山が描かれた特注の瓶は、プラス50円で持ち帰りも可能 右下／森原さんが不在のときはセルフでOK

左からシソ、ハマナス、ミルピス、山ぶどう

これはコクワ

通信販売もやってます

島外では非常にレアなミルピスを自宅でも味わいたい！ という人向けに、電話やFAXで通信販売も受け付けける。瓶は10本から発送可。1.5Lの3〜4倍希釈原液での発送もあり（各味7263円・送料要負担）。

ホテル利尻に併設する「利尻ふれあい温泉」。炭酸水素含有量は国内トップクラスで空気に触れると変色することから茶褐色をしている。この温泉が実にすばらしく、入浴以後は肌がすべすべ、ぽかぽかと体の芯から温まる。

稚内港

約1時間
40〜55分

香深港

約45分

約40分

鴛泊港

沓形港

「花の浮島」と呼ばれる
高山植物が彩る麗しき最北の島

礼文島 NAVI

最高標高490mというなだらかな細長い島は、夏の訪れとともに
高山植物が咲き乱れ、その可憐な花々を愛でに多くの人々が訪れる。

島で〜た

面　　積	81.33km²
海岸線	72km
最高標高	490m (礼文岳)
人　　口	2323人
	(2022年)

スコトン岬

礼文島最北の岬。対岸に
浮かぶのはトド島。

澄海岬

澄んだ青色の湾と咲き乱
れる花々が限りなく美しい
コントラストを見せる。

桃岩

溶岩が桃のように冷え固
まった岩。

礼文島への行き方 ・詳しくはP.122

フェリー

稚内からフェ
リーが就航。
所要1時間
55分。利尻島へは所要40分。利
尻島を経由して稚内に行く便もある。

島内交通

香深＝船泊、
香深＝知床
を結ぶ路線
バスがある。本数が少ないので要
確認。夏期運行の観光バスも便利。

元地 <small>もとち</small>　P.96

島西側の小さな集落。桃
岩、地蔵岩などの奇岩が
点在。桃岩荘ユースホス
テルもここにある。

気になる

ベーシックインフォメーションQ&A

Q どんな宿がある?

A ホテル、旅館、ゲストハウスなどがある

香深周辺には設備の整った大型のホテル
がある。また元地には、ユニークなユー
スホステル「桃岩荘」も。中部、北部に
も民宿やゲストハウスが点在し、島情緒
あふれる静かな滞在ができる。

Q 食事はどこで食べる?

A 香深には飲食店がある

香深には飲食店が多く、特にフェリー
ターミナル併設の「武ちゃん寿司」は便
利。ウニや海鮮のほか手頃なメニューも。
船泊や知床には飲食店は数軒しかないの
で注意して。

地図

スコトン岬

金田ノ岬

P.98 礼文北部

ゴロタ岬

折り込み MAP⑤ 船泊

船泊

507

久種湖

40

澄海岬

礼文町

礼文岳登山口

礼文岳登山コース P.84

礼文岳
(490m)

日食観測記念碑

Ⓡ 食事処
Ⓗ 宿泊施設

N

0 1 2km

緑が丘公園キャンプ場

最北のキッチン
ⓇKITAMUJIRO
P.94

見内神社

香深井

礼文滝

Ⓗ 民宿宮島荘 P.126

セイコーマート

香深

Ⓗ 民宿はな心 P.126

折り込み MAP④ 元地

元地

桃岩展望台

765

桃岩

猫岩

元地灯台

礼文町役場

香深港
フェリーターミナル

P.92 香深中心部

桃岩展望台コース P.86

40

知床

北のカナリアパーク
P.82、88

金田ノ岬

海岸沿いにアザラシの姿が
見られることも。

船 泊
（ふなどまり）

礼文島北部の集落。数軒の商
店と飲食店、宿泊施設がある。

P.98

礼文岳

礼文最高峰。片道2時
間ほどで登頂できる。

P.92

香 深
（かふか）

フェリーターミナルを擁する島の中
心地。ホテル、温泉、飲食店などが集
中する。

猫 岩

まるで海に向かってたたずむ
猫の後ろ姿みたい。

北のカナリアパーク

利尻山をバックに映画の世界に
浸れるスポット。

礼文を彩る
絶景スポット10

高山植物が彩る花の島

冷たく強い風の影響で、本州では2000m以上の山々でしか見られない高山植物が海抜0メートルの海岸沿いから自生する希有な島、礼文。
短い夏に見せてくれる、生命の輝きと海と空の青の深さが旅人の心をゆさぶる。

❶澄海岬
すかいみさき

MAP P.98A2

展望台に登ると眼下には青い水をたたえた入江。その周囲を可憐な花々が彩る、礼文きっての絶景スポット。(→ P.99)

❷桃 岩

MAP 折り込み④ B2

1300万年前にマグマが固まってできた高さ約250mの岩は、まるで桃のようにころんとした形が印象的。(→ P.97)

❸ゴロタ岬

MAP P.98A1

岬に通じる登山道を20分ほど歩くと360度の視界が広がる。北にはスコトン岬、南には澄海岬とその向こうに利尻山が見える絶景。(→ P.99)

❹北のカナリアパーク

MAP P.81 下

2012年に公開された吉永小百合主演の映画『北のカナリアたち』の舞台となった礼文。そのロケが行われた校舎が一般公開されている。
(→ P.88)

❻ウニ漁

ウニ漁の解禁は、キタムラサキウニが4〜9月、エゾバフンウニが6〜8月。ウニ漁解禁の旗が掲げられている数時間が勝負だ。

❼久種湖
（くしゅこ）
MAP P.98B2

礼文北部にある湖。湖畔にはミズバショウをはじめ湿性植物が繁茂する。湖畔にはキャンプ場もある。

❺トド島

スコトン岬の対岸に横たわる島。その名のとおりかつてはトドが多くトド猟が行われていた。今は無人島だ。

❽スコトン岬
MAP P.98A1

礼文最北端の岬。海に突き出した展望台からは、対岸にトド島、晴れた日にはサハリンまで望むことができる。（→ P.99）

❿利尻富士

お隣、利尻島にそびえる標高1721mの利尻山。その勇姿が最も美しく見えるのは礼文島だ。

❾地蔵岩
MAP 折り込み④ A1

元地海岸にある岩。すっと立ち上がる岩の姿は神々しさを感じさせる。（→ P.97）

白い小花が可憐な
マルバトウキや
キノコを観察

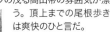
絶景だ〜♪

礼文岳登山

360度の絶景を求めて
礼文最高峰へ

標高490mで高山帯の雰囲気が楽しめる、
日本一低い山へ登ってみよう。

頂上からの絶景を目指して
爽快尾根歩き

　お隣の利尻山と対照的に、礼文島の最高峰は490m。標高としては約4分の1だが、眺望のよさ、登山道の爽快さではまったく引けを取らない。むしろ利尻山の眺望を楽しめる点では、こちらに軍配が上がる。登山道のスタートは内路の郵便局の隣。本数は少ないもののバスでのアクセスも可能だ。登山道に危険な所はないが、登山靴や水、行動食など最低限のものは準備して。350mで森林限界を越え、ハイマツの茂る高山帯の雰囲気が漂う。頂上までの尾根歩きは爽快のひと言だ。

途中、倒木などがあることも

登山口はバス停のすぐそば

もっと知りたい！

島の西側と東側で
異なる植生に注目

　礼文島では島の西側に高山植物、東側にササが生育する。西側は冬場北西からの季節風が吹きつけ、雪が飛ばされ地面が凍るため、それに耐えられる高山植物しか育たない。飛ばされた雪は東側の斜面に積もり土壌の凍結を防ぐため、寒さに弱いササが育つのだ。

MAP P.81 中
🚌 香深港フェリーターミナルから車で約20分、または❶内路下車すぐ　🅿️ あり

スケジュール

所要時間 約4時間	歩行距離 約10km	レベル 🚶🚶🚶

9:00 礼文岳コース登山口に到着

登山道入口は郵便局脇の駐車場奥にある。民家の裏を抜けると、登山道へ続く林道が現れる。

徒歩10分

準備運動はしっかりと

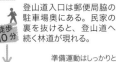

9:30 トドマツの茂る気持ちいい山道

トドマツの茂る明るい山道を進む。標高350mを越えたあたりから急に高山帯の雰囲気に。

徒歩60分

シマリスに出合うことも

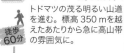

10:30 山頂まであとひと息

ひとつピークを抜けると視界が開け山頂が眼前に。あとはハイマツの間の登山道をひたすら登る！

徒歩30分

ここまでくれば爽快♪

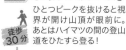

11:00 山頂に到着！　絶景を楽しもう

山頂は360度の視界が楽しめる。海越しに利尻山、晴れた日にはサハリンまで見えることも。

礼文最高峰を制覇！

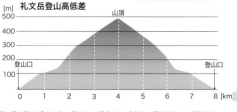
礼文岳登山高低差

[m]
500　山頂
400
300
200 登山口　　　　　　登山口
100

0　1　2　3　4　5　6　7　8 [km]

voice〜 島には一応バス停はあるが、たいていの場合、好きな場所で乗り降りができる。降りたい場合は、乗車時に運転手さんに場所を告げよう。乗るときはバスに手を挙げて合図すれば停まってくれる。

緑と青の世界に
身を委ねよう！

礼文の海の青さを
胸いっぱいに吸い込んで

ゴロタ岬ハイキング

ゴロタ浜と澄海岬の景観を一望する
絶景お手軽トレッキングルート。

ササが生い茂る夏は
肌を露出しない格好で

　島の西岸は複雑な海岸線と切り立った断崖が海岸まで迫り道路がない。したがってその絶景を見る唯一の方法は自力で歩くことだ。ゴロタ岬は、礼文島最北端のスコトン岬から澄海岬を経て浜中まで歩く全長12.3km「岬めぐりコース」の途中にある。全行程が難しければ、ぜひゴロタ岬だけ往復を。登山道はササで覆われており、雨上がりはぬかるむ。少し急勾配のラストを登りきり展望台へ。美しく弧を描く湾の向こうには利尻山、反対側にはスコトン岬が。あまりの絶景に息をのむ。

南東にはゴロタ湾の向こうに澄海岬、そして利尻山が見える

海岸より一段高い所に丘陵地帯が広がる海成段丘

MAP P.98A1　交 香深港フェリーターミナルから車で約1時間、または❶江戸屋下車　駐車場 なし

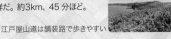
もっと知りたい！

スコトン岬からのハイキングも楽しい

スコトン岬から江戸屋山道を歩きゴロタ岬まで歩くルートもおすすめ。高台を歩くため眺望抜群だ。約3km、45分ほど。

江戸屋山道は舗装路で歩きやすい

スケジュール

所要時間	歩行距離	レベル
約1時間40分	約1.5km	

10:00 バス停江戸屋に到着
徒歩20分
車がない場合はバスでもアクセス可能だ。バスは1日5便ありフェリーターミナルから1時間ほど。

バス停江戸屋で下車する

10:20 ゴロタ岬登山口へ
徒歩15分
ゴロタ岬の登山口は江戸屋から西に坂を登った所にある。登山道の入口の標高は50mほどだ。

看板が登山道の目印

10:35 ササの間の登山道を登る
徒歩10分
季節によってはササが生い茂りけもの道になっていることも。必ず肌を露出しない服装で臨もう。

夏場は帽子と水を忘れずに

10:45 岬の展望台へ到着
ゴロタ岬の展望台の標高は180m。真っ青な海が印象的。右にスコトン岬、左に澄海岬が見える。

歩きでしか見られない絶景

ゴロタ岬ハイキング高低差

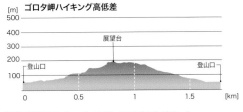

voice 礼文島のトレッキングのピークは花々が咲き誇る初夏から夏だが、最近は冬場のスノーシューも人気だ。夏は自由に歩けなかった草原も、雪が積もってしまえば自由自在。通常容易に行けない場所へ絶景を探しに出かけてみよう。

高山植物を愛でながら歩く
礼文随一のフラワーロード

桃岩展望台コース

香深港からのアクセスのよさも魅力、
四方に絶景が広がる礼文島のお花畑を歩こう。

大パノラマに感動♪

絶景を求め、海外からのトレッキング客も多く訪れる

高さ250mの奇岩・桃岩と尾根に咲く花々を求めて

コース名にもなっている桃岩は、地下から押し上げたマグマが冷えながら球状に成長した高さ約250mの巨大な岩。この桃岩を間近で眺められる展望台までは、道が整備されており誰でも手軽に楽しめる。ただ体力や時間に余裕があるのであれば、ぜひその先の元地灯台から知床まで続く桃岩歩道を目指したい。

丘陵の尾根に沿って歩く桃岩歩道は、東に利尻富士、西に果てしなく続く青い海と全方位にすばらしい景観が広がる。圧巻は標高300m未満の地に群生する高山植物のお花畑。シーズン中は何かしらの花が咲き、島内に咲くほとんどの花が見られることから「礼文フラワーロード」とも呼ばれているほどだ。

アクセスのよさや見どころの多さから団体のトレッキング客にも人気だが、一方で天気の変わりやすさには要注意。突然の強風や濃霧も珍しくない。また桃岩展望台から知床までは未舗装のため雨天後はぬかるんでとても滑りやすい。雨具をはじめ、装備は入念にしよう。

晴れた日には美しい雲海が見られることも

もっと知りたい！
コース上は花の宝庫

5〜9月にかけて咲き誇る桃岩歩道の花々。6、7月にピークを迎え、レブンキンバイソウ、レブンソウ、レブンウスユキソウなどの礼文島固有種も見られる。特に桃岩展望台から元地灯台までが見どころで、一面のお花畑は感動ものだ。

季節ごとに多様な花を楽しめる

MAP 折り込み④ B2
交 香深港フェリーターミナルから車で約10分。またはバスで桃岩登山口バス停下車　駐車場 あり

VOICE 香深市街地からはバスや車のほか、歩いて行くこともできる。フェリーターミナルから駐車場やトイレのあるレンジャーハウスまで、徒歩で所要約1時間。途中、礼香寺から遊歩道の近道があるが、ずっと上り坂なので意外とつらい。時間や体力と相談して決めよう。

登山スタート！

レンジャーハウス。ここにも車が停められる

スケジュール

所要時間	歩行距離	体力レベル
3時間	約5.7km	

10:00
桃岩登山口から出発

登山口まではバスでのアクセスも可。本数は1日3本と少ないので余裕をもって。

最初は整備された歩道を進む

徒歩30分

桃岩展望台までは整備されていて歩きやすい

10:30
レンジャーハウス前から登山道に入る

ここから登山道のスタート。コース上にトイレがあるのはここと知床のみなので、ここで済ませておこう。

12:00
高山植物を愛でながらハイキング

徒歩1時間20分

桃岩展望台からは尾根伝いに歩くため、左右に絶景が広がる。30分ほどでキンバイの谷が眼下に現れ、さらに下ると展望台がある

10:40
コースの象徴、桃岩を間近に望む

徒歩10分

最初の展望スポット桃岩展望台に到着。目の前には、礼文を代表する奇岩、桃岩と海に続く谷が広がる。

お花畑のさんぽ♪

レブンウスユキソウを発見！

桃岩展望台は記念撮影スポット

柔らかな緑に覆われた美しい谷の景色

進行方向左手には海を隔ててそびえ立つ利尻山の勇姿を望める

途中振り返ると元地漁港をバックに桃岩が

徒歩30分

谷間に見える赤い建物は桃岩荘。こちらの声が届けば旗を振って応じてくれるかも!?

灯台まで来たらゴールはもう間近

12:30
航海を見守る元地灯台に寄り道

谷からツバメ山を登り切ると孤高の灯台がひとつ。ルートから少し外れるが、裏に回れば利尻山とのツーショットも狙える。

徒歩30分

13:00
緩やかな坂を下って知床口に到着

灯台から先は緩やかな下り坂。到着するのは最南端の集落、知床。バスの本数は少ないので注意。香深までは約4km、1時間の道のりだ。

各所に標識があるので道に迷うことはない

桃岩展望台コース
元地灯台　桃台猫台　桃岩　桃岩登山口
ツバメ山
キンバイの谷
レンジャーハウス
桃岩展望台
北のカナリアパーク
知床

桃岩展望コース標高差

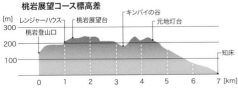

[m]
レンジャーハウス　桃岩展望台　キンバイの谷
300
桃岩登山口　元地灯台
200
知床
100
0　1　2　3　4　5　6　7 [km]

『北のカナリアたち』の世界がそのまま！

北のカナリアパーク

2013年7月のグランドオープン以来、来訪者は20万人を達成。
映画セットとは思えない、リアリティある世界観を追体験しよう。

スクリーンから生まれた
礼文島の新たなランドマーク

映画の冒頭、子供たちが校舎からいっせいに校庭に飛び出すシーンで映される、のどかな学校風景と背景の海に浮かぶ雄大な利尻山。その美しい光景に目を奪われた人も多いのではないだろうか？　2013年7月に一般公開された麗端小学校岬分校は、映画『北のカナリアたち』のメイン舞台。ロケ地巡りの中心施設として人気に火がつき、すでに20万人以上が訪れている。

驚くべきはこの校舎がセットであると

いうこと。既存の校舎を使用する案もあったが、平屋の木造校舎というイメージに合うものがなく、セットの製作を決定。すばらしい眺めに惚れて、この地に建てることになったという。細部にまで作り込まれた校舎は築50〜60年を想定。使い込まれた廊下の床板や教室の備品には、実際に小学校で使われていたものもある。

「レクリエーション室」と札が掲げられた部屋をのぞくと、撮影時の様子を伝えるパネルや撮影道具が展示され、さながら資料室のよう。その奥にあるのは、劇中そのままの形で保存された、かつて子供たちの歌声が響き渡った教室。吉永小百合演じる教師が、バーチャルムービーで来訪者を出迎えてくれる。

メインで撮影に使われた教室も公開。教壇には吉永小百合の映像が流れ、授業風景が再現される

2022年にオープンしたカナリアカフェ。利尻山を一望する絶好の立地でソフトクリームやコーヒーが楽しめる

カナリアソフト400円でひと休み

北のカナリアパーク　**MAP** P.81下　🚌 香深港フェリーターミナルから車で約10分。または❶知床、第2差閉下車徒歩15分　☎ (0163)86-1001（礼文町役場）　🏠 礼文町香深村字奮部　🕐 9:00〜17:00　🈳 なし（11〜4月は閉館）

　分校のセットを建てた美術監督を悩ませたのが、その撮影順。初めに20年後の、廃校となり傷んでしまった設定の校舎から撮影する必要があったため、きれいな校舎のセットをまず作り、その上に汚した壁や床を貼って撮影を行った。

\ 北のカナリアたちの舞台を巡ろう /
周辺ロケ地マップ

作中の登場人物たちが織りなす複雑な人間模様と並び、作品の大きな魅力となっているのが利尻・礼文島、そして道北の美しい大自然。ストーリーの重要な分岐点となったり、あるいは作品の世界観に奥行きをもたらしている印象的なロケ地を紹介しよう。

礼文　稚内　✈
北海道
利尻

① サロベツ湿原
希少な野生生物と雄大な自然の宝庫で利尻・礼文とともに国立公園に指定。満島ひかり演じる真奈美が働いている。

> たくさんの船と合えるよ

② 稚内
港の造船所に勤務する七重（小池栄子）を川島はる（吉永小百合）が訪問。第一副港で撮影された。

③ 鴛泊
入院中の信人（森山未來）を見舞いに訪れた川島はるが、勇（松田龍平）と再会を果たした場所。

④ 富士野園地
6〜7月にはエゾカンゾウが咲き誇る。子供たちが「あの青い空のように」を歌いながら花畑を歩く場面で使われた。

⑤ 沓形
利尻町の沓形では、漁協の建物を使い阿部（仲村トオル）や勇が登場する警察署内のシーンを撮影した。

> 撮影は冬でした♪

⑥ 大磯
利尻島の西海岸、ポロフンベとも呼ばれる地区で、映画の冒頭で川島はるが島を去るシーンに登場。

⑦ スコトン岬
礼文島最北端の岬。川島はるが阿部と初めて出会う印象的な場面がここで撮影された。

> 要チェック！

⑧ 地蔵岩
奇岩・地蔵岩のある海岸でバーベキューのシーンを撮影。その後の物語を大きく左右する悲劇がここで起きることに。

⑨ 香深
物語のメインの舞台となる、麗端小学校岬分校が建つのがこちら。現在は北のカナリアパークとして一般公開している。

> 訪れる前にチェック

©2012「北のカナリアたち」製作委員会

北のカナリアたちのあらすじ
北海道の離島の小さな分校に赴任した川島はる（吉永小百合）。合唱を通じて6人の教え子と心通わせるが、バーベキューの最中に起きた悲劇で状況は一変。それぞれ心に深い傷を負ったまま離散し、別々の人生を歩んでいた。そんなある日、教え子のひとりが起こした事件が再び彼女たちを引き合わせ、20年越しに悲劇の真相が語られてゆく。

【キャスト】
吉永小百合　柴田恭兵　仲村トオル　森山未來　満島ひかり
勝地涼　宮﨑あおい　小池栄子　松田龍平

【スタッフ】
監督：阪本順治　原案：湊かなえ『往復書簡』（幻冬舎文庫）

【公開】2012年11月

voice 作中の一つひとつの場面をより印象深くしているのが、厳冬の北国風景。実はもともと冬に撮影が行われる予定はなかったが、スケジュールが変更になり、体感温度が零下30度にもなる冬の利尻・礼文を舞台に撮影が決行されたという。

送迎には
トラックも！

時代を超えて受け継がれる伝説のユースホステル

うわさの桃岩荘に宿泊！

礼文島の南の果てに、約半世紀にわたり旅人を魅了している1軒の宿がある。「桃岩荘ユースホステル」、果たしてどんな宿なのだろうか。

太鼓の合図が聞こえたらいよいよミーティングが始まる。思いっきり楽しんだモン勝ち！

「まじめにアホをやる」
それがただひとつの条件だ

　礼文島の南西部、外界と断絶されたような立地に桃岩荘は存在する。築約140年超の元ニシン番屋を改装し、ユースホステルとしたのが昭和42年。以来、時代に流されず己の道をひたすら突き進んでいる。

　名物は毎夜開かれる「ミーティング」。このミーティングを求めて、もう数十年通い詰めているリピーターも多いという。その実態は、体験した者にしかわからない。ひとりでも、初めてでも、臆することはない。誰かしら古参の宿泊客がいて、優しく新米をリードしてくれるはずだ。

　果たして桃岩荘は何者か？　考えてもそこに答えはない。しかし飛び込めば何かがわかる、何かが変わる。さあ、覚悟はできただろうか？　この宿とマジメに関わってみると、何かが変わるはずだ。

人里から離れ、山壁に張り付くように静かにたたずむ桃岩荘。決して交通の便がよい場所ではないが、非日常体験にはもってこいの環境だ

1階は囲炉裏を中心とした大広間、吹き抜けになった空間を取り囲むように、2階が男性客の宿泊スペースとなっている

まーた来〜い
よ〜！！

名残惜しい別れ。また訪れようと心に誓う

桃岩荘ユースホステル　🗺️ MAP 折り込み④ B2　🚌 香深港フェリーターミナルから送迎車で約15分　🏠 礼文町香深元地　📞 (0163) 86-1421
💴 素 3960円（YH会員は3300円）　🛏️ ベッド数 68　🈺 休 10〜5月　🅿️ 駐車場 あり　URL www.jyh.or.jp

VOICE　当面の間、桃岩荘では食事の提供はなく素泊まりのみでの営業となる。またミーティングもコロナ仕様となっている。2023年度の営業の詳細については問い合わせてみて。

手つかずの島をカヤック＆キャンプで探検！

礼文島シーカヤックキャンプ

利尻島と異なり、島を1周する道路のない礼文島。車では行けない西海岸には、岬や美しい水をたたえた湾、海に注ぎ込む滝など、絶景が点在する。その景色を満喫するなら、シーカヤックがベスト。もし静かなビーチでテントで1泊できれば最高だ。自然が作り上げた雄大な景色を見ながら、誰もいないビーチに上陸。釣り上げた魚で食事にしたら、満天の星の下、焚き火を囲む。島の魅力を全身で感じるひとときだ。

プライベートビーチでの〜んびり

静かすぎてサイコーだ

西海岸は絶景の連続

左／釣った魚でアクアパッツァ♪　右／魚釣りに挑戦！

見たことないほどの星！

誰もいない浜でキャンプ。贅沢なひととき〜

利尻自然ガイドサービス　MAP 折り込み①B2　交 礼文島 香深港フェリーターミナル集合　所要 2日間　電 (0163)82-2295　休 荒天時、6〜9月のみ開催　料 3万5200円〜（4名参加時）　URL www.maruzen.com/tic/guide

礼文島のいちばん人気コースを歩く

フラワーコースガイド
（桃岩展望台コース）

礼文島に咲く花の8割が見られるという桃岩展望台コース。個人でも歩けるコースだが、ツアーなら宿泊施設からの送迎がついており、交通手段が少ない島ではとても便利だ。花に詳しいガイドと一緒に歩くと楽しさも倍増。自分では見つけられない珍しい花やその生態などを詳しく知ることができる。コースは全長5kmほど。トレッキングシューズや雨具などの基本的な装備を整えて臨もう。

島にしか生育しない固有種などもガイドとなら見落とすことも少ない

礼文で1、2を争う絶景のなかを行く

5〜9月まで長い期間楽しめるコース

花のベストシーズンは一般的に6〜8月中旬頃。数々の花が咲き乱れる

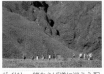
ガイドと一緒ならば道に迷う心配もない

礼文ガイドサービス
電 080-5548-6464　所要 3〜4時間　開 応相談　料 2人参加時1人あたり1万4300円（3人参加時、4人参加時8800円）　休 荒天時　URL http://rebun.co.jp/

レブンアツモリソウを見に行こう

礼文島の固有種レブンアツモリソウ。開花期は5月下旬〜6月中旬で、この花を見るために礼文島を訪れる人もいるほど人気のある花。この時期に島にいるならぜひ見たい。とはいえ、個人で見に行くのはなかなか大変なのでツアー利用が便利。ツアーには群生地までの送迎とガイド代が含まれる。

レブンアツモリソウ群生地コースガイド　所要 2時間　料 2人参加時1人あたり1万円（3人参加時9900円、4人参加時8800円）

voice 利尻自然ガイドサービスではほかにもさまざまなツアーを開催。ガイドの渡辺さんのイチオシは、山中で1泊する「利尻登山泊」。満天の星、壮大な朝焼けと、言葉にならない体験ができるそう。夏期のみの催行となる。

香深 <ruby>香<rt>か</rt></ruby><ruby>深<rt>ふか</rt></ruby>

おもな観光スポットが南北端に集中する礼文島。まずはフェリーターミナルのある香深を拠点に旅の計画を立てるとよいだろう。

観る・遊ぶ

高山植物が咲き誇る景勝地を巡る

何といっても日本最北端に広がる大自然そのものが礼文島の魅力。本州ではアルプスなどでしか見られないような高山植物が海岸から観察でき、固有種の花が多いのも特徴だ。北には最北端のスコトン岬をはじめ澄海岬、ゴロタ岬などの景勝地が点在し、青く澄んだ最北の海に心が洗われるようだ。また近年では礼文島で撮影された映画の影響で、舞台となった校舎を保存している北のカナリアパークを筆頭に、ロケ地巡りが見どころのひとつとなっている。

買 う

ご当地オリジナルみやげにも注目！

島みやげをまとめ買いするなら、香深のフェリーターミナル前にある礼文おみやげセンターがおすすめ。ウニやホッケ、昆布などの水産加工品を中心に、さまざまな地のものからちょっとしたバラマキ用みやげまで何でも取り扱っている。また大型ホテルにも立派なおみやげ店を併設しているので、それを利用するのも手だ。そのほかスコトン岬や北のカナリアパークにはオリジナル商品を扱う売店もあるので、訪れた際には立ち寄ってみるとよいだろう。

食べる・飲む

定番ウニ丼から始まる海の幸づくし

香深には新鮮なウニや肉厚のホッケを味わえる飲食店が軒を連ねている。どの店に入っても味に間違いはないというのは旅行者にとって心強いだろう。値の張るウニ丼はもちろん、カレーやラーメンなどの見慣れたメニューにも海の幸が使われているのは海に囲まれた礼文島ならでは。香深港フェリーターミナル内にも大きな食堂があり、ランチからディナータイムまで休憩を挟まず営業しているので、時間の融通が難しい旅行者には何かと重宝する1軒だ。

泊まる

滞在スタイルに合わせて自由に選べる

島の玄関口である香深には、フェリーターミナルから徒歩圏内に大型ホテルから民宿までひととおり揃っている。特に大型ホテルは海岸通りに沿って並んでいて、部屋や大浴場から望める利尻富士の絶景をウリにしていることが多い。北部の市街地・船泊には数軒の宿のほか、久種湖湖畔にオートキャンプ場も完備。また桃岩荘ユースホステル（→ P.90）や FIELD INN 星観荘といった個性的な宿もあり、あらゆる旅人を許容する礼文島の懐の深さがうかがえる。

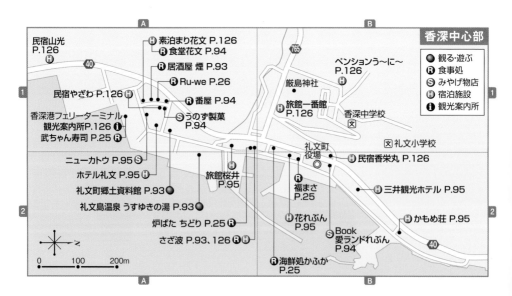

香深中心部

- ● 観る・遊ぶ
- ℞ 食事処
- Ⓢ みやげ物店
- Ⓗ 宿泊施設
- ⓘ 観光案内所

民宿山光 P.126
素泊まり花文 P.126
食堂花文 P.94
居酒屋 煙 P.93
Ru-we P.26
民宿やざわ P.126
番屋 P.94
香深港フェリーターミナル
観光案内所 P.126
武ちゃん寿司 P.25
うのず製菓 P.94
ニューカトウ P.95
ホテル礼文 P.95
礼文町郷土資料館 P.93
礼文島温泉 うすゆきの湯 P.93
炉ばた ちどり P.25
さざ波 P.93、126
旅館桜井 P.95

ペンションう〜に〜 P.126
厳島神社
旅館一番館 P.126
香深中学校
礼文町役場
礼文小学校
民宿香栄丸 P.126
三井観光ホテル P.95
福まさ P.25
花れぶん P.95
Book 愛ランドれぶん P.94
かもめ荘 P.95
海鮮処かふか P.25

0　　100　　200m

voice 利尻・礼文島の旅を支えるコンビニエンスストアのセイコーマート。礼文島内には香深店の1店舗だけ存在する。市街地からは離れているが、食料品、日用品が揃い、島の人々にとってもなくてはならない存在だ。

資料館 エリア 香深 MAP P.92A1

礼文町郷土資料館
れぶんちょうきょうどしりょうかん

礼文島の暮らしを縄文時代からたどる

　続縄文時代、オホーツク文化期、擦文時代と北海道独自の歴史区分で構成され、本州とは異なる文化の変遷を学べる。国の重要文化財に指定された船泊遺跡の出土品も展示。

上／2階は古代の遺跡を展示 左下／豊かな自然を紹介する1階 右下／館内はWi-Fiもつながる

🚃 香深港フェリーターミナルから徒歩約2分 🏠 礼文町大字香深村字ワウシ 📞 (0163)86-2119 🕐 8:30～17:00 (5～10月) 🈵 なし (5月、10月は月曜休み、祝日の場合は翌日。11～4月は休館) 💰 高校生以上310円。小中学生160円 🅿 あり

食堂 エリア 香深 MAP P.92A1

さざ波
さざなみ

庶民派海鮮グルメも美味！

　地元民にとって、たこカレーは子供時代の懐かしい味。礼文産のタコを使用し、煮過ぎないよう最後にルーに加える。夜は礼文の珍味（トド串、糠ホッケなど）が揃う居酒屋に。

上／たこカレー1210円 左下／昼は定食屋、夜は居酒屋 右下／漁港沿いにあり目立つ外観

🚃 香深港フェリーターミナルから徒歩約5分 🏠 礼文町大字香深村字トンナイ入舟 📞 (0163)86-1420 🕐 10:30～22:00 🈵 月曜 🅿 なし

日帰り温泉 エリア 香深 MAP P.92A2

礼文島温泉 うすゆきの湯
れぶんとうおんせん うすゆきのゆ

旅の疲れを癒やす良質の湯

　ニシン番屋をモチーフにした外観が目を引く、礼文島初の源泉掛け流しの天然温泉。利尻富士を望める露天風呂からジャクージ、サウナ、家族風呂と楽しみ方はさまざまだ。

上／湯は透明で肌に優しい 左下／交流室でのんびり 右下／フェリー乗り場にも近い

🚃 香深港フェリーターミナルから徒歩約3分 🏠 礼文町大字香深村字ベッシュ 961-1 📞 (0163)86-2345 🕐 12:00～21:00 (10～3月は13:00～21:00) 🈵 なし 💰 中学生以上600円 🅿 あり

居酒屋 エリア 香深 MAP P.92A1

居酒屋 煙
いざかや けむり

海鮮も焼き鳥も鮮度にこだわる

　寿司はほとんどが地揚げの魚。中にはクロガレイ、柳の舞などの珍しい魚も。焼き鳥は毎日串を店に打つ。タレ・塩が選べるが素材が生きる塩がおすすめ。1本200～250円。

左／寿司10貫2000円～、焼き鳥も各種揃える 右上／不定期でイベントも開催する 右下／寿司は板前が握る

🚃 香深港フェリーターミナルからすぐ 🏠 礼文町大字香深村字尺忍 📞 (0163)86-2330 🕐 17:00～23:00 🈵 木曜 🅿 なし

🍚 食堂 エリア 香深 MAP P.92A1

食堂花文
しょくどうかもん

気軽に利用できるザ・町の食堂

　フェリー乗り場近く、民宿花文の1階にある食堂兼居酒屋。丼ものや定食、ラーメンといった気取らない食事を楽しめる。メニュー以外にも旬の海の幸を用いた酒の肴があることも。

上／石焼きビビンバ丼1100円 左下／北海道版鶏のから揚げ、ざんぎ650円 右下／夜は居酒屋に

🚌 香深港フェリーターミナルからすぐ　🏠 礼文町大字香深村字ワウシ 958-10　📞 (0163)85-7890　🕐 11:00〜13:00、17:00〜22:00　🛑 不定休（1〜3月休み）　🅿 なし

🍽 レストラン エリア 香深郊外 MAP P.81

最北のキッチン KITAMUJIRO
さいほくのきっちん きたむじろ

本格的な洋食がおいしい

　特製オムライス1000円、エビフライセット1380円などの洋食メニューのほか、最北のザンギやホクホクコロッケなどのおつまみも。サッポロクラシックとともに楽しみたい。

上／ハンバーグセット1380円 左下／靴を脱いであがるテーブル席 右下／テイクアウトも可

🚌 香深港フェリーターミナルから車で約10分　🏠 礼文町大字香深村字カフカイ 15-2　📞 (0163)85-7322　🕐 11:00〜20:00　🛑 不定休　🅿 あり

🍚 焼肉 エリア 香深 MAP P.92A1

番屋
ばんや

島唯一の焼肉屋は今宵も満席

　地元の人で大盛況の焼肉屋。カルビ1000円、シマチョウ、ジンギスカン各500円など島とは思えぬ品揃え。ホッケ開き600円、ボタンエビ500円など魚介はリーズナブル。

上／肉が恋しくなったとき重宝 左下／個室もある 右下／町なかなので便利

🚌 香深港フェリーターミナルから徒歩約5分　🏠 礼文町大字香深村字ワウシ 958-20　📞 (0163)86-2729　🕐 17:00〜21:00　🛑 月曜　🅿 なし

🎁 本 エリア 香深 MAP P.92B2

Book 愛ランドれぶん
ぶっく あいらんどれぶん

礼文関連の書籍が豊富

　教育委員会が運営する本屋。入口付近には礼文関連の書籍が並ぶ。礼文を旅する前に、植物の図鑑を1冊手に入れると旅をより楽しめるだろう。

🚌 香深港フェリーターミナルから徒歩約5分　🏠 礼文町大字香深村字トンナイ 558-1　📞 (0163)86-2710　🕐 9:00〜12:00、13:00〜17:00　🛑 月曜（祝日の場合翌日）　🅿 あり

🎁 和菓子 エリア 香深 MAP P.92A1

うのず製菓
うのずせいか

オンリーワンの老舗和菓子店

　礼文島で唯一の和菓子店。名物は焼き印入りの礼文まんじゅう150円。沖縄黒糖と北海道産あずきを使用した自家製あんこは無添加で自然な甘味。

🚌 香深港フェリーターミナルからすぐ　🏠 礼文町大字香深村字ワウシ　📞 (0163)86-2660　🕐 8:00〜17:00　🛑 なし（9〜5月は日曜休み）　🅿 なし

voice／夕食を外食するつもりなら、訪れる前に電話で確認するのが確実だ。シーズン中は予約でいっぱいのことが多く、シーズンオフは予約でのみ営業したり、不定休という店も多い。うっかり食べそびれないよう注意。

おみやげ ｜エリア｜ 香深中心部 ｜MAP｜ P.92A1

ニューカトウ
にゅーかとう

自家製糠ホッケや粒ウニが人気

フェリーターミナル向かい。雑貨やお菓子などさまざまなアイテムが並ぶが、自家製糠ホッケや粒ウニは毎年予約する人がいるほど根強いファンがいる。

🚌 香深港フェリーターミナル向かい 🏠 礼文町大字香深村字ワウシ 📞 (0163)86-1017 🕐 8:00～17:00（11～3月は船に合わせて営業）休 不定休 駐車場 なし

ホテル ｜エリア｜ 香深 ｜MAP｜ P.92B2

三井観光ホテル
みついかんこうほてる

絶景を望む天然温泉が自慢

利尻山を望む露天風呂付きの大浴場を備える。夏季にはウニやボタンエビを使った海鮮料理を堪能できる。

🚌 香深港フェリーターミナルから徒歩約7分 🏠 礼文町大字香深村字トンナイ 277 📞 (0163)86-1717 💴 朝夕1万7600円～（冬期休業）客室数 100室 カード 可 駐車場 あり URL www.telnet-rishiri.info/pr/mitsui

旅館 ｜エリア｜ 香深中心部 ｜MAP｜ P.92A1

旅館 桜井
りょかんさくらい

ターミナル近くの老舗旅館

昭和31年創業の礼文で最も歴史ある宿だが、内部はリニューアルされ快適。うすゆきの湯が目の前にあるのも便利だ。

🚌 香深港フェリーターミナルから徒歩約3分 🏠 礼文町大字香深村字入舟 📞 (0163)86-1030 💴 朝夕1万3000円～ 客室数 27室 駐車場 あり URL www.telnet-rishiri.info/pr/sakurai

民宿 ｜エリア｜ 香深 ｜MAP｜ P.92B2

かもめ荘
かもめそう

優しさあふれるアットホームな民宿

全8室のこぢんまりとした民宿。着かず離れずの絶妙な距離感が心地いい。夕食はウニやホタテなど礼文の味覚をふんだんに用意。

🚌 香深港フェリーターミナルから徒歩約13分 🏠 礼文町大字香深村字トンナイ 📞 (0163)86-1873 💴 朝夕1万450円～ 客室数 8室 駐車場 あり URL www.mikku.co.jp/kamomesou

ホテル ｜エリア｜ 香深 ｜MAP｜ P.92B2

花れぶん
はなれぶん

露天風呂付き個室で最高のくつろぎを

花をテーマとした純和風宿。旬の食材を用いた懐石料理と、4階全フロアに広がる海の見える男女展望大浴場が自慢。露天風呂付き客室も用意する。

上／展望大浴場からは利尻山も望める
左下／風情のある外観
右下／5～9階が客室

🚌 香深港フェリーターミナルから徒歩約5分 🏠 礼文町大字香深村字トンナイ 558 📞 (0163)86-1666 💴 朝夕3万800円～（冬季休業）客室数 50室 カード 可 駐車場 あり URL www.hanarebun.com

ホテル ｜エリア｜ 香深 ｜MAP｜ P.92A1

ホテル礼文
ほてるれぶん

立地抜群、ターミナル向かいの人気ホテル

150名を収容する、礼文では大型のホテル。最上階に展望大浴場富士見湯と露天風呂があり、天然温泉につかりながら利尻富士を望むことができる。海鮮の夕食も好評だ。

上／ターミナル前、7階建てで目立つ
左下／料理長自慢の料理も楽しみ
右下／和室と洋室がある

🚌 香深港フェリーターミナルからすぐ 🏠 礼文町大字香深村字ワウシ 958-25 📞 (0163)86-1990 💴 朝夕2万8600円～（冬期休業）客室数 45室 カード 可 駐車場 あり URL http://hotel-rebun.jp/

voice 島のおみやげを数多くとりそろえるニューカトウー角で目を引くのが高山植物の種。リシリボタンキンバイやチシマゲンゲなどの種が1袋560円で売られている。島の植物の栽培にチャレンジしてみてはいかが？

元地
（もとち）

険しい断崖絶壁が続く礼文島西岸にある唯一の集落。とはいえ、町というほどのものではなく、数軒の商店と1軒のカフェがあるのみだ。

観る・遊ぶ

人気のハイキングルートや奇岩を楽しんで

　なだらかな海岸線が続く東海岸から一転、切り立った断崖が続く西部。急峻な地形は人の侵入を拒み、西海岸をつなぐ道路はない。元地は、その雄壮な地形が垣間見られるエリア。桃台猫台から見渡す荒々しい絶壁や、桃岩、猫岩、地蔵岩などの奇岩の眺めを楽しもう。また、香深から元地に向かう途中には、桃岩展望台を巡るハイキングルートの入口がある。

買う

独創的な木彫りを手に入れて

　元地には2軒の木彫りの店がある。夏場はいずれも早朝から夜まで営業しており、それぞれ異なるタイプの木彫りが並ぶので、好みのデザインを探してみよう。特に「創作木彫」のフクロウの木彫りは美しい。一つひとつ表情が異なり、気に入ったものを見つけるのも楽しい。昆布製品や、オリジナル雑貨が並ぶ「5R store rebun」ものぞいてみよう。

食べる・飲む

カフェが1軒のみ。ハイキングには行動食を

　元地エリアには、「Dining Cafe 海」が1軒あるのみだ。元地のメノウ浜に面した眺めのいいカフェで、ハンバーガーやピザ、パスタなどの軽食や、ケーキなどのスイーツ、島では唯一ここで味わえるタピオカミルクティーなどがあり、地元の人にも愛されている。ハイキングをする場合は、途中に売店などないため水や行動食は必携だ。

泊まる

伝説のユースホステル「桃岩荘」がある

　元地には1軒の民宿と、日本中の愛好家にその名を轟かす、有名な「桃岩荘ユースホステル」がある。「お帰りなさい!!」と大声で歓迎してくれるスタッフの出迎えから、毎晩行われる「ミーティング」と呼ばれるスタッフと宿泊者が一丸となって楽しむイベントまで、そこで過ごす時間は驚きの連続だ。毎年必ず訪れるリピーターも多い。ぜひ体験してみては。

📷 展望台　　エリア 元地　　MAP 折り込み④ B2

桃岩展望台
（ももいわてんぼうだい）

礼文を代表する絶景を堪能

　南部にある桃岩展望台はトレッキングで行くことが多いが（→ P.86）、時間がない場合は、レンジャーハウスまで車で行き、そこから徒歩10分ほどで展望台に行くことができる。

上／元地方面に抜ける絶景トレッキングルート　左下／駐車場からは緩やかな上り坂　右下／眼下に桃台猫台が見える

🚗 香深港フェリーターミナルからレンジャーハウス駐車場まで車で約10分　駐車場 あり

📷 展望台　　エリア 元地　　MAP 折り込み④ B2

桃台猫台
（ももだいねこだい）

「桃」と「猫」といえばこちら

　元地にある高さ50mほどの展望台。眼下に青い海、緑に覆われた崖にへばりつくように立つユースホステル、奇岩桃岩など、日本離れした絶景を一望することができる。

上／崖の下に見える赤い屋根はユースホステル　左下／夕日の名所でもある　右下／背を向けて海を眺める猫岩

🚗 香深港フェリーターミナルから車で約10分　駐車場 あり

---

voice 礼文島の味覚を届ける「島の人」は、礼文島の本店のほか、新千歳空港と、東京の玉川高島屋店に店舗があり、購入が可能だ。ネットショップも充実しているので、島の味が恋しくなったらお取り寄せも可。URL http://shop.rebun.jp/

桃岩

ももいわ

幅300mにもなる巨大な桃岩

地表に隆起したマグマが冷え固まりできあがった高さ約250m、幅約300mの岩。桃台猫台から見ると、ちょうど頭頂部がとんがり、桃のように見える。

🚗 香深港フェリーターミナルから車で約10分
🅿 あり（桃台猫台駐車場）

メノウ浜

📷 海岸　エリア 元地　MAP 折り込み④ A1

めのうはま

メノウを見つけることができるかも

地蔵岩の手前の海岸一帯は、メノウの原石が打ち寄せられ、かつては観光客や地元のみやげ物屋さんがひろいに来ていた。今では数は少なくなったが、嵐のあとなどは見つかりやすい。

🚗 香深港フェリーターミナルから車で約16分　🅿 あり

地蔵岩

📷 景勝地　エリア 元地　MAP 折り込み④ A1

じぞういわ

岩をシルエットにして沈む夕日の名所

元地集落のさらに先にあり、お地蔵様が手を合わせて拝んでいるように見えることからその名がついた。元地海岸とともに夕日の名所としても有名。落石の危険があることから、現在は岩の手前で立ち入り禁止となっている。

🚗 香深港フェリーターミナルから車で約16分　🅿 なし

Dining Cafe 海

🍜 カフェ　エリア 元地　MAP 折り込み④ A1

だいにんぐ かふぇ うみ

海を望む絶景テラスが人気

元地エリアで唯一の飲食店。ホッケバーガー700円やスープカレーなどの軽食のほか、ケーキやマフィンなどもある。

🚗 香深港フェリーターミナルから車で約10分
🏠 礼文町香深村元地454-1　☎ (0163) 85-7105
🕐 10:00 〜 21:00 (L.O.20:30)　休 月曜（冬期休業）　🅿 あり

リュウの店

🎎 民芸品　エリア 元地　MAP 折り込み④ A1

りゅうのみせ

木彫りのアクセサリーが並ぶ

創作木彫の隣にある木彫り屋さん。少女の横顔を描いたピリカメノコのペンダントが人気だ。木彫りを購入すると日付や名前を入れるサービスもある。

🚗 香深港フェリーターミナルから車で約20分　🏠 礼文町香深字元地　☎ (0163) 86-1346
🕐 6:00 〜 21:00　休 なし（10 〜 4月は休み）　🅿 あり

創作木彫

🎎 民芸品　エリア 元地　MAP 折り込み④ A1

そうさくきぼり

一点物の木彫りを手に入れよう

元地にある小さな小屋に、フクロウやアクセサリーがずらりと並ぶ。すべてこの道40年以上のオーナーの手作りだ。ハルニレの埋もれ木を使った作品が人気。

🚗 香深港フェリーターミナルから車で約20分　🏠 礼文町香深字元地　☎ 090-9515-5315
🕐 6:30 〜 17:00　休 なし（9月中旬〜 6月中旬は休み）　🅿 あり

5R store rebun

🛍 雑貨　エリア 元地　MAP 折り込み④ A1

ふぁいぶ あーる すとあ れぶん

キュートなオリジナル雑貨を手に入れよう

アルバイトをきっかけに訪れた島に惚れ込んだオーナーが、メノウ浜でひろった流木やシーグラス、メノウ石で作った雑貨が並ぶ。ご主人の家業は漁師。昆布製品もおすすめだ。

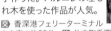

上／島の思い出を持ち帰ろう　左下／シーグラスのキーホルダー 800円〜　右下／カフェの向かい

🚗 香深港フェリーターミナルから車で約20分
🏠 礼文町香深字元地　🕐 10:00 〜 15:00 ぐらい　休 Instagram を確認　🅿 あり　📷 5rstore_rebun

voice ◀ Dining Cafe 海では、カツ丼やほたて丼、ほっけの蒲焼丼などのごはんものから、タコざんぎ、ツブのHOTガーリック、豚の角煮などのおつまみも用意。日替わりとなるがケーキなどのスイーツもあるので、島の人々に重宝されている。

97

礼文島北部

スコトン岬、澄海岬などの絶景が連なる島の北部

（れぶんとうほくぶ）

礼文島最北端のスコトン岬、美しく弧を描く湾に澄んだ水をたたえた澄海岬、眼下に海を見下ろすハイキングルートなど絶景の宝庫。

観る・遊ぶ

礼文を象徴する風景を巡る

　海抜100mまでのなだらかな丘陵地帯が続く北部。西側には晴れた日にはサハリンまで望める島最北端のスコトン岬、湾と花畑のコントラストが美しい澄海岬など、礼文島を象徴する絶景が連なる。西側の金田ノ岬周辺では、海で遊ぶ野生のアザラシが見られることも。

食べる・飲む

漁協直営の鮮魚や昆布ソフトが名物

　北部の飲食店は限られているが、船泊の喫茶店「お休み処　談」は落ち着いた雰囲気の喫茶店。スコトン岬の売店「島の人」では、オリジナルのコンブソフトや昆布まんじゅうなどが名物だ。澄海岬には売店があり、トド串やエビ汁などがテイクアウトで食べられる。

買う

スコトン岬の売店や漁協の加工品が人気

　スコトン岬の「島の人」にはウニやイクラはもちろん、昆布加工品、調味料、トド肉の缶詰、お菓子など、多彩な品が並びパッケージデザインもいい。澄海岬の駐車場にある売店では、昆布の加工品などのほか、地元の写真家のギャラリーがあり、購入もできる。

泊まる

小さなペンションや民宿が点在する

　北部には大型ホテルはなく、船泊周辺にペンションや民宿が点在する。スコトン岬には、男女別ドミトリーの「FILED INN 星観荘」があり、宿泊者同士交流できるアットホームな雰囲気だ。スコトン岬展望台に下る途中にある礼文最北端の宿「民宿スコトン岬」の滞在もユニークだ。

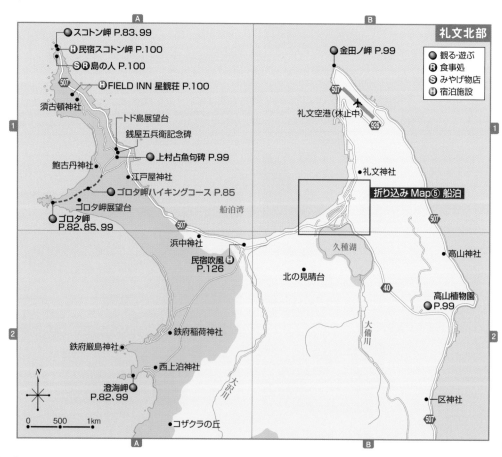

礼文北部

- ● 観る・遊ぶ
- ℝ 食事処
- Ⓢ みやげ物店
- Ⓗ 宿泊施設

スコトン岬 P.83,99
民宿スコトン岬 P.100
Ⓢℝ 島の人 P.100
Ⓗ FIELD INN 星観荘 P.100
須古頓神社
トド島展望台
銭屋五兵衛記念碑
鮑古丹神社
上村占魚句碑 P.99
江戸屋神社
ゴロタ岬ハイキングコース P.85
ゴロタ岬展望台
ゴロタ岬 P.82、85、99
浜中神社
民宿吹風 Ⓗ P.126
鉄府稲荷神社
鉄府厳島神社
西上泊神社
澄海岬 P.82、99
コザクラの丘

金田ノ岬 P.99
礼文空港(休止中)
礼文神社
折り込み Map⑤ 船泊
船泊湾
久種湖
北の見晴台
高山神社
高山植物園 P.99
一区神社
大備川

N

0　500　1km

遊び方

礼文 ▶ エリアガイド 北部／観る・遊ぶ

スコトン岬
すことんみさき
📷 岬　**エリア** 北部　**MAP** P.98A1

藍色の海に囲まれた礼文島最北端の岬

　漢字で書くと須古頓岬。アイヌ語で「夏の集落」という意味だ。荒涼とした大地と海の青さの対比が印象的。島の最北端となるが緯度的には宗谷岬より少し南となる。

上／晴れた日にはサハリンまで見渡すことができる
左下／昆布漁の船が出ていることも
右下／夏でも風が強い

🚌 香深港フェリーターミナルから車で約50分　**駐車場** あり

澄海岬
すかいみさき
📷 岬　**エリア** 西海岸　**MAP** P.98A2

その名のとおり澄み渡った水が入江を満たす

　西海岸きっての景勝地。階段を上りきると展望台があり絶景が広がる。海の透明度はとても高く、海底まで透けて見えるほど。優美に弧を描く湾は息をのむ美しさだ。

上／初夏には高山植物が彩る
左下／駐車場から階段を上る
右下／映画の撮影にもよく使われる

🚌 香深港フェリーターミナルから車で約45分　**駐車場** あり

ゴロタ岬
ごろたみさき
📷 岬　**エリア** 西海岸　**MAP** P.98A1

軽いトレッキングのあとは絶景のご褒美

　標高176mの小高い山の頂上が展望台となっている。ここへ行くにはちょっとしたトレッキングが必要（→ P.85）。展望台からは、スコトン岬、澄海岬、そして利尻山まで一望できる。

🚌 香深港フェリーターミナルから車で約45分　**駐車場** なし

上村占魚句碑
うえむらせんぎょくひ
📷 碑　**エリア** 北部　**MAP** P.98A1

礼文の美しさに感銘を受けた句碑

　熊本県出身で俳句雑誌「ホトトギス」で活躍した俳人。見晴らしのよい高台に、占魚がこの地を訪れたときに読んだ有名な句「飢ゑし啼く海猫日増しの北風嵐」の句碑が立っている。占魚の見た景色を自分の目で見てみよう。

🚌 香深港フェリーターミナルから車で約40分　**駐車場** なし

金田ノ岬
かねだのみさき
📷 岬　**エリア** 船泊　**MAP** P.98B1

アザラシの休む姿が見られることも

　東北端の岬。特筆すべき眺望はないが、海岸近くまでアザラシが訪れることで有名だ。漁場を荒らすので、漁師にとっては困った存在だが、親子が浅瀬で休む姿はやはり愛らしい。

🚌 香深港フェリーターミナルから車で約40分　**駐車場** なし

高山植物園
こうざんしょくぶつえん
📷 植物園　**エリア** 船泊　**MAP** P.98B2

レブンアツモリソウを展示している

　礼文に自生する高山植物約50種類を育成、展示。8月中旬まで無菌培養されたレブンアツモリソウを見ることができる。不思議な姿をぜひ生で見てみたい。

🚌 香深港フェリーターミナルから車で約25分　**電話** (0163)87-2941　**時間** 9:00〜16:30　**休** 月曜（9月は日曜休、10〜4月は休館）　**料** 310円、小中学生160円　**駐車場** あり

voice 船泊にある礼文町総合公園にはタコの滑り台や、三輪車や自転車で走れるコースが整備されていて子どもを遊ばせるのにぴったり。また海岸では穴あき貝やシーグラスなどを拾うことができる。

99

カフェ エリア 船泊 MAP 折り込み⑤B1

お休み処 談
おやすみどころ だん

島でおいしいコーヒーを飲みたければこちら

厳選した豆を用い1杯ずつていねいに入れる。驚くほど香り高いのは、豆の質と水がよいから、とマスター。島でこれほどまでにおいしいコーヒーが飲めるなんて幸せだ。

上／床屋を改築 左下／コーヒー400円。シフォンケーキは自家製 右下／くつろげる店内

🚌 香深港フェリーターミナルから車で約30分
🏠 礼文町船泊村大備 ☎ (0163)87-2287
🕐 9:00〜19:00（10〜5月は10:00〜） 休 不定休 🅿 あり

食堂 エリア 船泊 MAP 折り込み⑤B1

双葉食堂
ふたばしょくどう

船泊で食事をするならここ

メニューはラーメン850円、かつ丼1000円などごく普通の定食屋のメニューだが、ボリュームと、飾らない家庭的な味わいが人気を呼び、常ににぎわう。

🚌 香深港フェリーターミナルから車で約40分 🏠 礼文町大字船泊村大備 ☎ (0163)87-2075
🕐 11:00〜不定 休 不定休 🅿 あり

パン エリア 船泊 MAP 折り込み⑤B1

ブラージュ・ド・ラパン
ぶらーじゅ・ど・らぱん

島で唯一の焼きたてパン屋さん

もともとお菓子屋さんだったが、島の人に焼きたてのパンを食べさせてあげたいと札幌で修業し、パンを作るように。いちばん人気はメロンパン145円。

🚌 香深港フェリーターミナルから車で約40分 🏠 礼文町大字船泊村大備 ☎ (0163)87-3018
🕐 9:00〜なくなりしだい 休 日曜 🅿 なし

おみやげ エリア スコトン岬 MAP P.98A1

島の人
しまのひと

スコトン岬の先端にあるみやげ店

島の漁師から直接買い付ける魚介類の加工品やお菓子、雑貨などが並ぶ。パッケージもおしゃれなのでおみやげにもいい。売店では塩気が絶妙な昆布ソフト450円も人気。

上／島の人オリジナルアイテムがずらり 左下／スコトン岬を望むカフェスペース 右下／冷蔵品も送れる

🚌 香深港フェリーターミナルから車で約50分
🏠 礼文町船泊字須古頓1 ☎ (0163)87-2198
🕐 7:00〜17:00 休 なし（冬期休業） 🅿 あり

民宿 エリア スコトン岬 MAP P.98A1

FIELD INN 星観荘
ふぃーるど いん せいかんそう

野原にたたずむ個性宿

北にスコトン岬、西に日本海を望む。ユースホステル形式で、宿泊客揃っての夕食やミーティングがある。部屋は男女別のドミトリーと個室。送迎要予約。

🚌 香深港フェリーターミナルから車で約50分 🏠 礼文町船泊村スコトン星平 ☎ (0163)87-2818 素 5500円、朝夕 7000円 客室数 4室 🅿 あり

民宿 エリア スコトン岬 MAP P.98A1

民宿スコトン岬
みんしゅくすことんみさき

絶景自慢の最北の宿

礼文島最北端のスコトン岬にある宿。全客室が海に面し、運次第では野生のアザラシを見かけることも。秘境感あふれる宿だ。

🚌 香深港フェリーターミナルから車で約50分 🏠 礼文町船泊字スコトン ☎ (0163)87-2878 朝夕 1万6225円〜（冬期休業） 客室数 8室 🅿 あり

---

voice ホテル礼文と花れぶんの運営元は、水産加工会社のやまじょう。そのため両ホテルとも提供する海鮮料理はおいしいと好評だ。売店はやまじょうの直営で、島の特産品を豊富に取り揃えている。

利尻礼文サロベツ国立公園に行こう!

利尻島と礼文島と、その対岸の抜海、稚咲内海岸一帯は、山岳、海食崖、湿原、海岸砂丘などの変化に富んだ自然に恵まれ、利尻礼文サロベツ国立公園に指定されている。足を延ばして多彩な自然に触れてみるのもいい。

ノサップ岬
稚内
宗谷本線
サロベツ湿原センター
幌延ビジターセンター

礼文島
利尻島

最北の自然環境が作る壮大な景観

　利尻島と礼文島とその対岸の原野を含む 2 万 4166 ヘクタールに及ぶ利尻礼文サロベツ国立公園。ぜひ、島だけでなく対岸の豊かな自然にも触れてみたい。このエリアを巡る主要道路となるのが、日本海沿いに作られたオロロンライン。札幌方面から稚内に向けて海と湿原の中を真っすぐ延びる道路をひたすらドライブしていると風車群が現れる。非日常的な景色を眺めながらさらに進むと、海に浮かぶ利尻富士の勇姿が。絶景のなかドライブしているだけでも楽しいが、ぜひ自然にも触れてみよう。日本で 3 番目に大きなサロベツ湿原は日本最大の高層湿原が発達し、貴重な植物や鳥たちのすみかとなっている。木道が整備され、散策することができる。

上／湿原はノビタキなどの貴重なすみか
左／サロベツ原野最大の沼、パンケ沼。海水が混じりシジミなどが生息する

右／浜勇知展望施設「こうほねの家」からの景色
左下／サロベツ湿原センターの周囲に整備された木道
右下／越冬のため数千羽のオオヒシクイが飛来する

左／高さ約 100 mの風車が等間隔に 28 基並ぶ　右／サロベツ原野の中を行く、絶景ドライブが楽しめる

ここに立ち寄り

サロベツ湿原センター

湿原の成り立ちについて学べる

　館内には湿原の成り立ちや生息する動植物についてや、人々の生活や産業についての展示がありサロベツ全体について知ることができる。レストランも併設し、ホッキ貝カレーが名物。屋外には木道が整備され湿原の中を散策することができる。

🏠 天塩郡豊富町上サロベツ 8662　☎ (0162)82-3232　🕐 9:00 ～17:00 (11 ～ 4 月は 10:00～16:00)　休 なし (11 ～ 4 月は月曜)
🅿 あり　URL http://sarobetsu.or.jp/swc/

幌延ビジターセンター

最新の開花情報も手に入る

　センター内には湿原の成り立ちや生き物について学べる展示がある。2 階の展望室からは野鳥観察もできる。ビジターセンターからパンケ沼園地まで木道が整備されており、往復 6kmのハイキングを楽しむことができる。

🏠 天塩郡幌延町下沼　☎ 01632(5)115　🕐 9:00 ～ 17:00 (11～ 4 月は閉館)　休 なし　🅿 あり

＼ついでにもう1泊／

稚内の観光スポット

利尻・礼文のゲートウェイとなる稚内。
せっかくならもう1泊して、最北の大地を楽しもう。

稚内市

① 稚内港北防波堤ドーム
（わっかないこうきたぼうはていどーむ）

港湾土木史に残る傑作といわれる美しき防波堤

稚内－樺太大泊間の旧稚泊航路整備として昭和6年（1931）から昭和11年（1936）にかけ建設された防波堤。冬季の北西越波防止のために建設されたが、海上からの高さ14m、柱間6mの円柱70本が並ぶ半アーチ式ドームは優美かつ独創的。歴史を伝える建築物として北海道遺産に指定されている。設計者は北海道庁の技師として稚内築港事務所に赴任してきた当時26歳の土谷実氏。

🚋 JR稚内駅から徒歩約5分

② 宗谷岬
（そうやみさき）

北緯45度に位置する日本最北の地

宗谷岬は通常の交通手段で到達できる日本最北端の地。周囲は公園となっており、その一角に日本最北の碑が立っている。手前に立っているのは、江戸後期の探検家・間宮林蔵の像。樺太（現ロシア連邦サハリン州）が島であることや、サハリンとアジア大陸との間の間宮海峡を発見したことで知られる。

🚋 JR稚内駅から車で約40分

③ 宗谷丘陵
（そうやきゅうりょう）

どこまでも続くなだらかな丘陵地帯

氷河期の地盤の凍結と融解の繰り返しによってつくられた周氷河地形と呼ばれる地形。美しい景観のなかを歩くフットパスコースが設定されており、のんびり草を食む牛たちの姿を見ながら爽快なハイキングが楽しめる。ゴール地点にはホタテの貝殻を敷き詰めた白い道が！

🚋 JR稚内駅から車で約50分

④ 大沼
（おおぬま）

秋と春先、ハクチョウが飛来

周囲12kmほどの沼。4〜5月にかけて湖面が溶けた春先と、10〜11月、シベリアと越冬地を行き来するハクチョウが飛来する。実はこのハクチョウの飛来はひとりの男性の努力によるもの。白鳥おじさんと呼ばれた吉田氏が1988年から給餌活動を行い、白鳥の誘致に成功したという。

🚋 JR稚内駅から車で約20分

⑤ ノシャップ岬
（のしゃっぷみさき）

利尻島を見渡す夕日の名所

稚内の最西端、宗谷海峡に突き出す岬。晴れていれば利尻島、礼文島まで見渡せる。夕日の景勝地としても知られ、夕暮れの海上に利尻山のシルエットが浮かび上がる様子はまさに絶景。イルカのモニュメントが設置されているのは、イルカがこの沖を泳いでいったという昔話から。

🚋 JR稚内駅から車で約10分

⑥ 稚内副港市場
わっかないふっこういちば

みやげ店や飲食店がそろう

昔の釧路の町並を再現した館内に、地元の海鮮を出す飲食店やみやげ物店、休憩所、樺太記念館などが入る複合施設。観光パンフレットなどが揃う観光ミュージアム。また日帰り温泉施設「ヤムワッカナイ温泉　港のゆ」を併設し、天然温泉を楽しむことができる。

🚉 JR 稚内駅から車で約 3 分　☎ (0162)29-0829　🕐 店舗により異なる　休 店舗により異なる　URL https://fukkoichiba.hokkaido.jp

⑦ わっかりうむノシャップ寒流水族館
わっかりうむしゃっぷかんりゅうすいぞくかん

北緯 45 度に位置する日本最北の地

ノシャップ岬に位置する水族館。昭和 43(1968) 年 7 月に開館し、100 種 1500 点を飼育する。回遊水槽では、ホッケ、ソイの仲間、カレイなど、北の海の魚や "幻の魚" イトウを見ることができる。アザラシやペンギンも飼育され、愛らしい姿に癒やされる。

🚉 JR 稚内駅から車で約 10 分　☎ (0162)23-6278　🕐 9:00 ～ 17:00 (11 ～ 3 月は 10:00 ～ 16:00)　🉐 500 円、小中学生 100 円　休 4 月 1 日～ 4 月 28 日、12 月 1 日～ 1 月 31 日　URL https://www.city.wakkanai.hokkaido.jp/suizokukan/

⑧ 旧瀬戸邸
きゅうせとてい

稚内の漁業の歴史を知る

稚内が底曳漁業で好景気に沸いた昭和 20 年代に、沖合底曳漁業の親方「瀬戸常蔵氏」の邸宅として建てられた建築物。館内には、当時の宴席風景の再現や、漁業に関する展示物がある。稚内市で初となる国の「登録有形文化財」に登録されている。

🚉 JR 稚内駅から徒歩約 5 分　☎ (0162)23-5151　🕐 10:00 ～ 18:00　🉐 200 円、小中学生 100 円　休 11 月～ 4 月 1 日

⑨ 北の桜守パーク
きたのさくらもりぱーく

映画のロケ地を資料館として開館

2017 年に稚内市でロケを行い、2018 年に公開となった吉永小百合さん主演の映画『北の桜守』のセットが、映画の資料展示施設としてオープン。映画の資料や、撮影現場の様子の展示のほか、AR で吉永さんと 2 ショット写真が撮れるスポットも！

🚉 JR 稚内駅から車で約 30 分　☎ (0162)23-6468（稚内市建設産業部観光交流課）　🕐 10:00 ～ 17:00　🉐 無料　休 11 月～ 4 月 28 日

⑩ 日本最北の線路
にほんさいほくのせんろ

日本の線路の端っこを見る

JR 宗谷本線稚内駅は日本最北の駅。この稚内駅に日本の線路の最北端部がある。実際の線路は駅構内にあるので、記念撮影はできないが、駅舎の外にレールとモニュメントを設置。そこで記念撮影ができる。ちなみに最南端は、JR 指宿枕崎線の西大山駅。両方制覇してみて！

🚉 JR 稚内駅前

＼ 稚内宗谷で食べたいもの！／ 稚内・宗谷エリアは魚介が有名だがそれ以外にもおいしいものがいっぱい。

タコしゃぶ
宗谷はミズダコ漁獲量日本一。そのタコを使ったタコしゃぶが名物。肉厚のタコは歯応えよく絶品。

宗谷黒牛
日本最北端の宗谷岬牧場で生産される宗谷黒牛。濃厚な赤身と淡泊な脂肪とのハーモニーが絶妙。

稚内牛乳
おいしい牧草を食べて育った牛の生乳のみを使用したノンホモ牛乳。消費期限が短いため、稚内にしか流通しない。

真空パックを売り始めた頃は笑われたもんさ
「そんなの売れるわけねえ」ってよ

一国一城の主
として365日
休みなく働く川
村さん

ジンポーフーズ　代表　川村 久男（かわむら ひさお）さん

長年のキャリアで磨いた
時代を見抜く力

　ねじり鉢巻に真っ赤な作業着。いかにも職人気質といった出で立ちに、こちらも自然と襟を正す。

　「俺の話を聞くってことは高いんだぞう！」と威勢よく歓迎してくれた川村久男さん。水産加工業のジンポーフーズを営んで約30年、前職の香深漁協時代から数えれば実に50年以上のキャリアをもつ生粋の海の男である。扱う商品はホッケがメイン。開きに醤油漬け、さらに糠ホッケと約10種類ものホッケ加工品を製造販売している。

　今では全国で目にするホッケだが、そもそもホッケは鮮度低下が早く、生はおろか干物でさえ流通には苦労する魚なのだそうだ。そんな共

礼文ではジンポーフーズにしかないという、オゾンを使った殺菌装置

通認識もあって、川村さんが約25年前に真空パック加工のホッケを売り出したときは、周囲から冷たい視線を浴びたという。

　「その日の朝、機械から下ろしたできたてを店頭に並べるのが当時の常識。『真空パックにするのは鮮度が悪いからだ』って笑われたんだ。それが見てみろ、今じゃ日持ちすると重宝がられてる。これが先見の明ってヤツだな！」

　早口でまくし立てると、川村さんは歯を見せて笑ってみせた。

よいものを扱えば
お客さんはついてくる

　川村さんの先見性はそれだけではない。一度に最大1500枚の開きを扱える冷風乾燥機や、魚の生臭みを除去するオゾン発生装置の導入は島内初。パックのままレンジで加熱するだけという手軽さが売りの「半干し糠ほっけ レンジでポン」も他社に先駆けたアイデアだ。

　時代の声をしっかり聞き、変化を

上／冷風乾燥機を導入後は季節に関係なく一定の温度管理のもとでの乾燥が可能になった　下／ホッケだけでもいろいろな商品を製造。地方発送も行う　☎(0163)86-1535

恐れない。川村さんの経営姿勢の背景には、漁獲高が年々減少している現状への危機意識がある。量が減れば価格は上がり、消費者の手に届きにくくなる。未来の消費者である子供たちの魚離れは、現実問題として重くのしかかる。

　「ホッケだってピンからキリまである。味の落ちる安いホッケを高値で売ればそれなりに儲かるよ。でもそんな商売は長くは続かない。本当によいものを提供して初めて信用が生まれ、その信用がお客さんを連れてくるんだ」

　ホッケひと筋50年。海とともに生きた男のプライドが、めがねの奥の瞳にみなぎっていた。

よく知ると、もっと利尻・礼文が好きになる

利尻 礼文の深め方
More about Rishiri & Rebun

厳しい自然にさらされる最北の島。

利尻・礼文独特の風土や北方の島ならではの歴史、

方言などを知れば、旅がぐっと楽しくなる。

日本最北の花に彩られた島

利尻 礼文の地理と産業

北緯45度の海に浮かぶ日本最北の島

稚内から52～59kmの海上に浮かぶ、利尻・礼文島。礼文島は昭和49年に利尻礼文サロベツ国立公園の指定を受け、日本最北端の観光地として注目され始めた。利尻・礼文両島ともおもな産業は水産業と観光業。北の島ならではの雄大な自然景観と、海の幸を求めて、多くの観光客が訪れる。ただし観光客のほとんどは利尻登山や礼文に咲く高山植物を目当てに訪れ、6～9月に集中。厳しい寒さと荒天が多い冬場は、クローズしてしまう施設も多い。

水産業では利尻昆布、ウニが有名で、日本有数の産地として知られている。一方で漁師の高齢化、跡継ぎ不足も深刻。両島とも積極的にIターンを受け入れ、後継者の育成に取り組んでいる。

海抜0mから高山植物が咲く希有な自然環境をもつ礼文島

日本最北端の有人島、礼文島。最高地点は標高490mの礼文岳と、標高1721mの利尻山を擁する隣の利尻島と比べるとなだらかな島だが、本州では標高2000m以上の高地でしか見られない高山植物300種類以上が自生し、「花の浮島」とも呼ばれる。島の東側は海岸線から一段高い所に丘陵地帯が広がる海成段丘。一方西側は断崖絶壁が続き、島を1周する道路はない。西側の絶景地を巡るには、トレッキングやシーカヤックのみ。まさに秘境という言葉がふさわしい。島を代表する植物はレブンアツモリソウ。独特の姿が珍重され、一時は盗掘の被害で激減した。現在は島北部の群生地で5月下旬～6月中旬に見ることができる。

中央に1721mの独立峰を擁する周囲約60kmの円形の島利尻

周囲60kmの円形の島、利尻。島のほぼ中央に1721mの利尻山を擁し、北海道本土からその姿を見るとまるで山が海に浮いているようだ。また日本最北の百名山であり海抜0mから登山ができる山として登山家たちの憧れでもある。山には高山植物が自生し、固有種のリシリヒナゲシなど貴重な植物も多い。

利尻山を境に島の東部は利尻富士町、西側は利尻町の2町からなり、島最大の町は利尻富士町の鴛泊だが、碁盤の目のような町並みに観光客向けの大型ホテルが点在し、利尻町の杏形のほうが町らしい雰囲気。利尻空港にはシーズン中は丘珠空港からの便に加え千歳空港からの空の便もあり、わずか1時間で島へ行くことができる。

北海道本土と島を結ぶフェリーが発着する鴛泊港

礼文島には約300種類の高山植物が自生する。ぜひガイドツアーで歩こう

礼文からおよそ19km離れた海上に浮かぶ利尻を望む

利尻・礼文を支える産業

漁業

ニシン漁衰退のあとは昆布とウニ漁がメインに

良港な漁場に恵まれた利尻・礼文島。江戸時代から松前藩との交易があったという資料も残っている。1915（大正4）年には、10万トンの水揚げを誇っていたニシン漁も1955年頃から漁獲が激減し、それに代わり、利尻昆布、ウニ漁などの根付漁業と、タコやカレイなどの沿岸漁業が主軸産業に。特に京懐石の料理人は、利尻昆布の繊細で香り豊かな風味が愛され、昔から指名買いされている。

上／昆布漁の許可を告げる信号旗が上がるといっせいに漁が始まる
下／水揚げされた昆布は砂利に並べ天日で乾かす

観光業

登山と高山植物を中心に最果ての島の旅情が人々を魅了

ニシン漁の衰退後、発展したのが観光業だ。昭和40年以降、離島ブームも相まって利島、礼文は一躍人気の観光地に。利尻山登山だけでなく、周辺に点在する湖沼群を眺めながらのハイキング、礼文島での高山植物観賞や、海の幸を楽しむ人々で短い夏はおおいににぎわう。利尻では1996（平成8）年に、礼文は2007（平成19）年に温泉のボーリングに成功し、島の新たな観光資源となっている。

上／利尻山の登山客は年間1万人にもなる
下／観光客の目当てのひとつが海鮮。特にウニは絶品だ

voice 利尻山の初冠雪は毎年9月後半～10月前半。初冠雪は、稚内地方気象台から目視で確認されて初めて公式に認められる。そのため利尻島現地で麓から見て山頂付近に雪を確認しても、稚内気象台から確認できなければ初冠雪とはならない。

北海道の北西端、稚内沖に位置する利尻・礼文。
利尻山や青い水をたたえた港の景色など、最果ての島の圧倒的な自然と、
ウニをはじめとした味覚が人々を魅了する。

Geography of Rishiri & Rebun

ヒグマやキツネのいない植物と野鳥の楽園

　北海道の動物の代表格、ヒグマやキツネが利尻・礼文にはいない。登山やハイキングの際、クマに出合う可能性を考慮する必要がないというのはありがたい話だ。またキツネがいないため、キツネが媒介するエキノコックス症の心配もない。北海道本土では、基本的に沢水は煮沸消毒をするなどしなければ飲めないが、キツネがいない島では、各地に湧く湧水をそのまま飲むことができる。

　また、島にはヘビがいないため、野鳥も豊富だ。特に礼文島の北部の久種湖畔には水辺の鳥や野の鳥など150種類近くが訪れる。ぜひ図鑑を片手に散策を楽しもう。このように同じ北海道とはいえ、北海道本土とはずいぶん様相の異なる島独特の自然を満喫したい。

利尻島で観察されたギンザンマシコのオス。赤い羽色が美しい

天然の濾過装置、利尻山の恵み
名水の育まれる島　利尻

　水の宝島とも呼ばれる利尻。中央にそびえる利尻山に降った雨や雪は地層に浸透し、長い年月をかけて濾過され、たっぷりのミネラルを含み、海底から湧き出す。島にあって水の心配をする必要がないというのは昔から人々にとってどれほど心強かっただろう。現在も島内に3ヵ所の湧水スポットがあり、無料で水を汲むことができる。ぜひ利尻山の恵みでのどを潤してみよう。

　また、島内のコンビニやスーパーで見かけるミネラルウオーター「リシリア」は、海底から湧き出す水を詰めたものだ。利尻は山と海が非常に近いため伏流水は河川になる前に海に到達し、海底から湧く。この海底湧水には、酵素やケイ素が大量に含まれており、アンチエイジングに驚異的な効果があるという報告もある。たちまちネットで話題になり、全国から注

リシリアの工場。廃校を利用して操業している

清らかな水は利尻山の恩恵

文が来る大ヒット商品となった。利尻では、500mℓ 150円前後と、通常のミネラルウオーターと大差ない価格で購入できる。ぜひ試してみてはいかが？

利尻の無料名水スポット

長寿乃泉水 MAP P.63A1
　旅館雪国の裏手にある長寿乃泉水。旅館で空のペットボトルを販売しているので、それに詰めよう。

甘露泉水 MAP P.63A2
　北麓野営場から登山道を500mほど進んだ所にある。その名のとおり甘いという評判だ。

麗峰湧水 MAP P.70A1
　道路沿いにあってアクセスが便利。島の人々もポリタンクを持って水を汲みにくる。

ふるさと納税で島を応援

　コロナ禍による観光産業への打撃や環境変化による漁業の不振、そして多くの島が直面している過疎化・高齢化。島の財政は決して豊かなわけではない。そんな島のためにわれわれ旅人ができることといえば旅行をして、おいしいものを食べおみやげを買って応援することだ。しかしすぐに旅に出かけられる人ばかりではないだろう。そんな人はふるさと納税で島を応援してみてはどうだろうか。島にも貢献できるうえ、島の海鮮や特産をお礼にもらえてしかも税金も免除になる。返礼品や寄付額は取り扱い機関によって異なるので、いくつかチェックして好みのものに寄附をするといいだろう。

冬の間だけの真剣勝負
礼文とトドの暮らし

　島周辺では、波打ち際で遊ぶアザラシの姿が見られる。愛らしいその姿も、水産業で生計を立てている漁師にとっては悩みのタネだ。彼らは、魚を捕食するだけでなく、漁で使う網なども破壊してしまう。その被害金額は宗谷地区で年間約5億5000万円。そのうちトドの被害が実に5億円を超える。トドは冬の間ロシアから南下し、礼文周辺の海で過ごす。そしてこの時期のみ、大切な水産資源を守るためトド猟が許されている。巨大なトドとの闘いは、まさに命がけなのだ。捕獲されたトドの肉は一部缶詰などにされ、味わうことができる。

上／大食漢のトドは漁師の悩みのタネ　右／トド肉の缶詰は島内で買える

豊かな海を背景に育まれた
利尻 礼文の歴史

年表

時代	年代	できごと
旧石器時代	紀元前1万5000年前〜	栄町キャンプ場遺跡で石器が確認されている。利尻島最初のヒトの生活跡。
縄文時代	4500年前〜	利尻島野塚や港町1遺跡で円筒形の土器が発見されている。
縄文時代	3500年前〜	縄文時代中期の遺跡が見つかっている。
続縄文時代	3500年前〜	利尻島本泊遺跡など縄文時代後期の遺跡が見つかっている。
擦文時代	400〜800年前	礼文島船泊遺跡で、集落から本州産のヒスイやイモガイ・タカラガイなどの装飾品が発見されている。
	800〜1200年	オホーツク文化と呼ばれる独自の文化が確認される遺跡が見つかっている。
アイヌ文化期 鎌倉時代〜江戸時代	1644年	本州の律令社会の影響を受け、土師器や鉄、雑穀栽培などが伝わる。
	1670年	『津軽一統志』に、和人と利尻に住むアイヌ（300人ほど）との間で海産物の交易をしていた様子が記載される。
	1696年	蝦夷地図に「リイシリ」と記載される。文献史料に初めて登場した。
	1765年	本泊に交易施設である運上屋がおかれ、交易品としてアワビやナマコ、タラ、ニシンなどが取引される。
	1787年	フランス探検家ラ・ペルーズ、宗谷海峡通過中に見た利尻島を「ラングル島」と命名する。
	1806年	朝鮮人李志恒ら、利尻島に漂着し『漂舟録』に記録する。
	1807年	ロシアによる利尻島襲撃事件が起き、商船が焼き払われ島民が捕虜に捕らえられる。
	1808年	近藤重蔵と田草川伝次郎、訪島し『西蝦夷地日記』に記録する。
	1834年	松前藩の測量士今井八九郎が利尻島を測量し、精巧な地図を作成する。
	1846年	松浦武四郎、島内を踏査し『再航蝦夷日誌』に記録する。
	1848年	利尻島野塚にアメリカ青年ラナルド・マクドナルドが上陸する。
明治時代	1869年	蝦夷地が北海道に改称され、利尻島は北見国利尻郡に区分される。
	1876年	北海道に大小区画が設定され、利尻郡は第28大区4小区に区分される。
	1878年	利尻島に鴛泊、石崎、鬼脇、仙法志、沓形、本泊の6村がおかれる。
	1878年	礼文島香深に礼文郡各村戸長役場が設置される。
	1880年	鴛泊に利尻郡各村戸長役場が置かれる。戸数88戸、人口368人。
	1885年	小樽との航路が開かれる。
	1892年	礼文島船泊村（現町北部）が分村。
	1902年	鬼脇・石崎が鬼脇村に、鴛泊・本泊が鴛泊村になる。
大正時代	1915年	北海道三景として利尻富士が1位に選ばれ、この年の利尻郡のニシン漁獲高10万トン超える。
	1923年	北見神社に石碑が建立される。
昭和時代	1936年	宗谷丸、稚内利礼航路が開かれる。
	1950年	利尻礼文道立公園に指定される。

利尻島で命を落とした北方警護にあたった会津藩士の墓

原始
豊かな自然を背景にした貴重な遺跡の数々

大陸との接点となる利尻・礼文は考古学的にも注目されている。特に約4000年前頃の縄文時代中〜後期の遺跡が多く発見され、特徴的な土器や骨角を使用した釣針や銛頭、貝を使用した美しい装飾品も数多く出土している。北海道は稲作に向かず、弥生時代はなく続縄文時代と呼ばれる縄文時代の暮らしを受け継いだ時代が続く。

礼文島の船泊遺跡で出土した土器や装飾品の数々

古代
海の漁に特化したオホーツク文化の繁栄

続縄文時代から擦文時代へと移行する5〜9世紀、利尻・礼文から稚内、知床までのオホーツク海沿岸で発達したのが、サハリンから南下したオホーツク人によってもたらされたオホーツク文化。船の操縦に長け、魚や海獣を捕る技術も優れていた。動物の歯牙を加工した骨角器も多く、海への適応性、依存性が高い文化だったとされる。

オホーツク文化を象徴する銛頭や釣針などの出土品

voice 明治45年5月24日、クマが生息しない利尻島にヒグマが現れた。どうやら対岸から海を泳いできたようで、最終的に島の若い衆に発見され斧で撲殺されたそう。海を泳いできたといっても利尻から北海道の沿岸まで最短距離で約20km。どんなルートで泳いできたかは今も謎だ。

本土から遠く離れた利尻・礼文では、サハリンや大陸の影響を強く受けた独自の歴史・文化が育まれていった。
利尻・礼文の歴史をひもとき、奥深い島の魅力に迫っていこう。

History of Rishiri & Rebun

年表（昭和時代・平成時代）

昭和時代

1956年　鬼脇・鴛泊が合併し、東利尻村に、東利尻村、沓形・仙法志が合併し、利尻町になる。

1956年　船泊村、香深村が合併し、礼文村となる。

1959年　東利尻村が東利尻町になり、鴛泊に役場新庁舎が建設される。

1959年　利尻空港が開港する。

1962年　利尻礼文国立公園に指定される。

1965年　利尻礼文サロベツ国立公園に指定される。

1974年　礼文村が町に昇格し、礼文町となる。

平成時代

1990年　町変更により利尻富士町になる。

1996年　写真家梅沢俊氏により新種リシリアザミが発見される。

1999年　利尻空港ジェット化により、利尻〜新千歳線が運航される。

2011年　北海道エアシステムによる、利尻〜札幌丘珠線が運航される。

2014年　鴛泊港フェリーターミナル「海の駅おしどまり」が供用開始される。

国立公園に指定され、多くの観光客が訪れるようになった

中世〜近世

和人の記録に残る失われたアイヌ文化期

本州の古代文化の影響を受けた擦文時代を経て、北海道では13世紀頃（鎌倉時代）がアイヌ独自のアイヌ文化期となる。利尻・礼文にもアイヌが暮らしており、川や海での漁を中心に、和人と交流していた。利尻・礼文のアイヌは明治時代以降に急速に人口が減り、生活資料がほとんど失われ、かつての生活の実態は和人（松前藩）の記録からうかがい知るのみだ。

アイヌと松前藩の交易の場であった「運上屋」の跡

利尻・礼文ゆかりの人物

ラナルド・マクドナルド（Ranald MacDonald）

鎖国時代の1848年6月に利尻島野塚に上陸したのがラナルド・マクドナルドという24歳のアメリカ人。彼は、日本に憧れを抱いており、どうにか鎖国している日本に行けないかと計画していた。その結果、捕鯨船に乗り込むことを思いつく。日本海での捕鯨を終え、宗谷海峡を通る際に小船に乗り込み単身陸地を目指した。そして遭難を装い、アイヌの人々に救助される形で上陸。10日ほど野塚で過ごし、島民と交流したが、その後宗谷・松前に2ヵ月弱拘束され、長崎へ移送された。長崎では日本初のネイティブの英語教師を務め、1849年4月に日本を去った。教え子には森山栄之助（ペリー来航時に通詞を務める）がいる。

Ranald MacDonald
From an old daguerreotype taken about 1853, now in the possession of Mr. A. T. MacDonald, of Great Falls, Montana.

日本語も積極的に学んだラナルド。野塚展望台には彼の半生を描いた小説『海の祭礼』の著者吉村昭氏の文学碑と顕彰碑がある

銭屋五兵衛（ぜにやごへえ）

江戸時代末期に北前船を駆使し"海の豪商"、"海の百万石"と称された加賀の海運業者。鎖国の日本で礼文島を拠点にロシアとの密貿易を行い、加賀の米と交換に毛皮や海産物を得て莫大な富を築いた。加賀藩の金融経済を助け、御用金の調達を行っていたことから藩も密貿易を黙認していたという。死後、銭屋五兵衛は密貿易で巨万の富を得た悪徳商人というレッテルを貼られたが、明治維新後は幕末の日本で海外と対等に貿易を行った先駆者として評価が高まった。

礼文島江戸屋地区に銭屋五兵衛貿易の地として記念碑が置かれている

現代

最果ての自然美と美味なる海産物に魅せられ……

明治末から昭和初期まで、利尻・礼文はニシンの漁獲量が上がり、ニシン景気に沸いた。最盛期には年間10万トンの水揚げがあり、本土から多くの移民者が集まった。しかし昭和28年頃よりニシンの漁獲高もめっきり減り、次第に人口も減っていった。現在は、国定公園に指定された美しい北の自然とウニに代表される魚介類を求めて、多くの観光客が集まる。

美しい自然と花々に包まれた島

知りたい！

利尻昆布とウニのこと

利尻・礼文を代表する味覚について
知っておきたいあれこれ。

利尻昆布ってなあに？

昆布の分布

利尻昆布
羅臼昆布
長昆布
日高昆布
真昆布

昆布の名称

- アカッパ（葉先）
- ミミ とろろ昆布などに
- だし昆布 だしに使われる
- 根昆布 医薬品などに

ぬれた昆布は重いのさ〜

礼文で取れても利尻昆布!?

　利尻昆布とは宗谷周辺に生息する昆布の名称。礼文や宗谷岬などで取れた昆布も利尻昆布と呼ばれる。利尻・礼文で取れたものを特に「シマモノ」と呼び、上品なだしが取れるので京懐石で好まれる。特に利尻周辺の海は、利尻山から流れ出たミネラルたっぷりの海底湧水が、上質な昆布を育むという。昆布漁が行われるのは、晴天の日の早朝。水揚げ後は家族総出で昆布干しだ。

昆布漁許可の信号旗が揚がるといっせいに漁が始まる

水揚げされた昆布は早朝から家族総出で干し、午後には取り込む

漁の道具たち

箱の底にガラスをはめ込んだもの。海の中をのぞくための道具

かつて、ニシンを船から陸へ運ぶときに使われていた「もっこ」

天然昆布を取る道具のひとつ「ねじりまっか」。この棒で根元から昆布をねじり取る

利尻・礼文のウニはどうしておいしいの？

最高級の利尻昆布を食べて育つから

　もうひとつの島の名物がウニだ。ウニはキタムラサキウニとエゾバフンウニの2種類があり、キタムラサキウニの漁期は4〜9月、身は薄い色で味わいはあっさり、「ノナ」と呼ばれる。「ガンゼ」と呼ばれるエゾバフンウニの漁期は6〜8月で、身はオレンジ色で濃厚な味。ウニは雑食性なので何でも食べるが、利尻・礼文では、利尻昆布を主食にするため、ウニの味がよいといわれている。

1時間ほどが勝負！

資源保護のため、漁のできる時間は厳格に決められている

濃いほうがエゾバフンウニ、薄いほうがキタムラサキウニ

エゾバフンウニ

キタムラサキウニ

7〜8月なら、2種類のウニの食べ比べができる

voice ウニはヒトデやナマコの仲間。石灰質の固い殻に包まれており、食用にする部分は生殖巣だ。通常市販されているウニは、型崩れ防止のためにミョウバンに漬けられており、独特の苦みの原因に。現地ではその必要はないので、純粋なウニの味が楽しめる。

利尻 礼文の祭りやイベントに参加しよう！

利尻 礼文の祭り歳時記

 Festival of Rishiri & Rebun

| | 利尻 | 礼文 |

1月 2月 3月 4月 5月 6月 7月 8月 9月 10月 11月 12月

利尻

りしり寒歓まつり
❖ 2月上旬
厳しい冬の寒さを楽しむイベント。ソリ引きや雪中パークゴルフ、かき氷早食い大会などイベントが盛りだくさん。

雪ん子広場
❖ 2月上旬
漬け物石を利用したカーリング大会や抽選大会など、寒さを忘れて盛り上がる。

 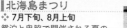

利尻島一周悠遊覧人 G
❖ 6月第1日曜
利尻島の景観を楽しみながら島を1周するマラソン大会。初夏の緑あふれる島の景観を満喫。

北海島まつり
❖ 7月下旬、8月上旬
鴛泊と鬼脇で開催される夏の一大祭り。鴛泊では歩行者天国になり、屋台や歌謡ショー、パレードなど観光客も楽しめる。

うにうにフェスティバル
❖ 8月11日
ウニ丼や焼きウニなど、ウニを満喫する飲食コーナーが並ぶ。

利尻島一周ふれあいサイクリング
❖ 8月下旬
サイクリングロードと道道を通る1周約60kmのサイクリング大会。島外の参加者も多い。

利尻島サケ釣り大会
❖ 10月中旬
島内外問わず人気のサケ釣り大会。釣った重量を競い合う。

礼文

アツモリ感謝祭
❖ 6月上旬
礼文の自然保護活動の一環として、アツモリソウ群生地前で行われるイベント。

フラワーマラソン
❖ 6月第1土曜
3km、5km、10kmのマラソンコースがあり、気軽に参加できる。

水産まつり
❖ 6月上旬
香深港の会場で開催。最大の見せ場は昆布のプールで行われるタコのつかみ取り！

海峡祭・湖畔祭
❖ 8月7日、10日
香深と船泊のふたつの地区で行われる礼文最大のイベント。露店が並び花火大会が開かれる。

オータムフェスタ
❖ 9月第2土・日曜
久種湖で行われる島の恵みに感謝するイベント。島のグルメが集結。

 宿泊者限定で、スターウオッチングツアーを開催しているホテルがいくつかあります。参加費は無料で、夕食後にバスで観賞スポットまで連れて行ってくれました。夜空には満天の星！ これまで見た星空でいちばん感動しました。（神奈川県　たろうさん）

外国人から見た視点で島の魅力を発掘中

島に恋して

Falling in Love with Rebun

圧倒的な自然の中に
人の生活圏がある
驚くべき島ですよ

クリストファー・ブラウンさん

クリスさんの写真に、島民もあらためて島の美しさに気がついたという

7年越しで礼文へ移住
島の生活をエンジョイ中

上／移住後しばらくは無職だったため、1日中撮り続けた。島在住ならではの貴重なショットも多い
下／凍てつく冬の夜、言葉では伝えられない美しい一瞬を捉えた

　礼文島で暮らす唯一の外国人、クリストファー・ブラウンさん。出身はアメリカのデトロイト。高校のとき日本へ留学し興味を抱いた。アメリカの大学を卒業後、JETプログラム（語学指導を行う外国青年招致事業）で再び来日。故郷の気候に似ていることから勤務地は北海道を希望した。任期中旅で訪れた利尻・礼文の美しさに惹かれ、島への移住を決意。2010年、ついに礼文への移住

が実現した。趣味で撮りためていた写真を、観光協会主催のフォトコンテストに応募したところ、見事優秀賞に。現在は、その能力を生かし礼文町の職員として、郷土資料館の展示などを手がける。休日はシーカヤックや山歩きを楽しむ。島の魅力は、体を動かせば動かすほど楽しめるところだ。島民からはクリスと呼ばれ慕われる。もう立派な島人だ。

冬の美しい島の風景が満載
写真集「礼文の冬」

2010年の移住から撮りためた冬の礼文の景色をまとめた写真集。夏場とはまったく違う、凛とした厳冬期の島の顔に心打たれる。

Profile ＊ Christopher Browne
1978年、アメリカデトロイト生まれ。高校在学中日本留学を機に興味をもち、2003年来日、2010年に念願の礼文へ移住。現在礼文町職員として勤務。

普段は観光客の目に触れることの少ない礼文の冬の美しさを伝えたい、とクリスさんが発表したのが、礼文の冬の写真だけを集めた写真集。冬の澄んだ空気に礼文の美しさが光る。購入は島の商店で。

島の魅力をものに託して
島の手しごと

Crafts of Rishiri & Rebun

とろろ昆布　畑宮食品 ＊Hatamiya Shokuhin

できたてのとろろ昆布は絹のように繊細でなめらか

利尻島の南、仙法志御崎公園の向かいに、利尻昆布の加工直販を行う畑宮食品がある。さまざまな昆布加工品が並ぶが、特に評判なのは、島の人も絶賛するとろろ昆布だ。酢につけて柔らかくした昆布をプレスし、ブロック状にしたものを機械で薄く削ぐと、とろろ昆布のできあがり。削られた昆布は非常に薄く、上質な絹のようになめらかで柔らかだ。うまさの秘密は「やはり素材がよいからですかね」と語る社長の畑宮さん。契約した漁師から仕入れた上質な利尻昆布だからこそ極上の味わいになる。タイミングがよければ商店の一角の加工場で次々に加工されていく様子を見ることができるだろう。

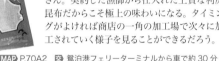

MAP P.70A2　交 鴛泊港フェリーターミナルから車で約30分
住 利尻町仙法志宇長浜124　電 (0163)85-1778
時 9:00～17:00　休 不定休（11～6月は休み）　駐車場 あり

上／袋詰めして完成。全国に旅立っていく
下／昆布を選別し長さを揃える

左／選別した昆布をプレス機でブロック状にする
右／機械で削った昆布を手作業で計量

島いちばんと評判のすっととろける極上のとろろ昆布

利尻山アウトドア靴下　渡邊 勇樹 さん ＊Yuki Watanabe

Profile ＊ わたなべ ゆうき
田中家 ひなげし館支配人
田中家 ひなげし館（→P.68）

田中家ひなげし館付近からの利尻山の眺望

鴛泊フェリーターミナルの売店やネットショップで購入可能

利尻のおみやげで、驚異的な売り上げを誇るものがある。利尻山をモチーフにしたアウトドア靴下だ。これをデザインしたのは、旅館「田中家ひなげし館」の渡邊さんだ。いわゆる観光地のおみやげというものに、いまひとつ物足りなさを感じていた渡邊さん。旅の記念となり、かつ帰宅後も使えるものをと考えた結果、アウトドア靴下を思いついた。自らデザインし、有名スポーツメーカーの製品を作る工場に依頼。質にもこだわり試作を重ねた。完成した靴下は若者男女に好まれるパステルカラー。履き心地もよく、リピーター続出中だ。

左／1足1100円。限定色もある　右／履くと利尻山のシルエットが足元に浮かび上がる

島でも帰宅後も愛用してもらえるおみやげを模索

voice 食べ物に関する北海道弁をほかにもいくつかご紹介しよう。とうきび（→トウモロコシ）、ざんぎ（→鶏のから揚げ）、がっこ／おこうこう（→漬物）、たち（→白子）、きとびろ（→行者ニンニク）、るいべ（→キングサーモン）など。

旅行前に読んでおきたい
利尻 礼文本
セレクション

日本最北にある利尻・礼文のふたつの島は、その独自の自然や文化によって昔から多くの知識人や旅人を魅了してきた。こちらに挙げた本はほんの一部だが、きっと旅を深める助けになるだろう。

『礼文 花の島を歩く』

花ガイド

杣田美野里・宮本誠一郎 著
北海道新聞社
1320円
島在住の著者だから知り得る、約200種の花々の生態。難易度や時間、見どころなどを、写真を交え丹念に紹介する。

ふたつの島の情報を掲載！

『新版 北海道山の花図鑑 利尻島・礼文島』

花ガイド

梅沢俊 著
北海道新聞社 2200円
「山の花図鑑」シリーズの新版。花色別に情報が整理され、植物観察のビギナーにも使いやすい。366種を掲載。

『礼文・利尻 花と自然の二島物語』

ガイドブック

杣田美野里・宮本誠一郎 著
北海道新聞社 1980円
30年近く島の自然に向き合ってきた著者が提案する、島の歩き方。写真家夫妻ならではの美しい写真も必見。

『RISHIRI Episode-1』

写真集

本間晶子 著
山と溪谷社 3850円
純白の利尻山に心奪われた女性写真家が収める、南陵からのポートレイトが力強くも美しい。

『Rebun Winter 礼文の冬』

写真集

クリストファー・ブラウン 著
1500円
観光客のいない秘密の時間を楽しむように、礼文島に魅せられ移住したアメリカ人が冬の礼文をリズミカルに捉える。

『ヤマケイアルペンガイド 北海道の山』

山岳ガイド

伊藤健次 著
山と溪谷社 2860円
登山ガイドの決定版。北海道の山々の登山コースを多数収録。利尻山も鴛泊コース、沓形コースともに紹介されている。

『海の祭礼』

小説

吉村昭 著
文藝春秋 880円
捕鯨船からボートで単身利尻島に上陸したアメリカ人青年ラナルド・マクドナルドを軸に、ペリー来航前後の日本を描く。

遭難しない山岳小説

『山女日記』

小説

湊かなえ 著
幻冬舎 781円
映画『北のカナリアたち』の原作者でもある作家の連作長編。利尻山を含む7つの山を舞台に綴る、7つの女の物語。

旅の情報源！ お役立ちウェブサイト

▶ **りしぷら RISHIRI PLUS**
www.rishiri-plus.jp
利尻町、利尻富士町共通の公式HP。飲食店やアクティビティ、旬の情報が豊富に集まる。最新情報はここでチェック。

▶ **礼文島観光協会**
www.rebun-island.jp
観光協会公式HP。花やイベント情報などは旅行前に確認を。島内マップやパンフレットもPDFで入手できる。

▶ **利尻・島ガイドセンター**
www.rishiri-shimaguide.jp
利尻の自然や暮らし、歴史を案内する島ガイド。団体コースにはない隠れた見どころを案内してくれると評判。

▶ **礼文島トレイル http://rebun-trail.jp**
桃岩展望台コースから8時間コースまでトレイルに関わる情報を集めるならこちら。ルールを守って正しく歩こう。

▶ **利尻はなガイドクラブ https://www.rishiri-hanaguide.com/**
利尻島の植物、野鳥に精通したスタッフたちがお届けする島案内。ガイドツアーも開催しており予約ができる。

▶ **利尻富士町観光協会 https://rishirifuji.jp**
利尻富士町観光協会が発信するウェブサイト。島のイベントやおすすめスポットなど旬の情報が満載。

▶ **宗谷観光連盟 https://www.soyakanko.com/**
利尻島、礼文島をはじめ稚内、豊富町、猿払村など周辺の魅力あふれる11市町村を紹介するサイト。

東京・吉祥寺にある小さな出版社、夏葉社。『本屋図鑑』（夏葉社）では、代表の島田潤一郎氏が巡った全国津々浦々の町の本屋さんをイラストとともに紹介。利尻島の沓形にある「本庫屋書店」の訪問記も収録されている。

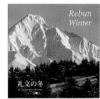

右／ギャラリーには丸い利尻をイメージした球体オブジェが下／気軽に利用できるよう入館料は無料

観光客にとって魅力的なところって地元の人々がいかにその土地を愛しているかだと思うんです

上／空き屋となっていた海鮮問屋を改築して利用
左／随時イベントを開催し島の人が集える場に

利尻ふる里島づくりセンター　代表　小坂 実（こさか みのる）さん

町の活性化に意欲的な小坂さん。新しいアイデアはまだまだだいっぱいある

島民、観光客ともに集まれる憩いの場を提供

　沓形の商店街にたたずむ「島の駅利尻」。築120年の海産問屋の中に、押し花作家、たけだりょう氏の作品や、詩人原子修氏の作品集などを展示するギャラリー、海藻のクラフト体験施設、カフェなどが入る。ここを運営するのが、特定非営利活動法人利尻ふる里島づくりセンターだ。代表の小坂さんは島生まれの島育ち。島の変遷をその目で見てきた。「ほかの地方の町と同じく、人口減少は深刻です。とはいえ手をこまねいているだけでは何も始まらない。そこで町の再生の手伝いをし

たいと思ったんです」
　施設の目玉は、海藻を使ったクラフト体験だ。利尻周辺の海には100種類以上の海藻があるが、ほとんどが害藻としてじゃま者扱い。しかし押し花作家のたけだりょうさんが作った、海藻を使った作品が不要な海藻を使って町づくりを始めるきっかけに。
　さっそく講師を招き、町で海藻押し葉のインストラクターを育成。訪れた人が手軽に海藻押し葉体験のできる環境を整えた。雨天時のアクティビティが少ない島の観光に、ひとつの選択肢が加わったのもメリットだ。

島民の島への愛情こそが、魅力ある島づくりに不可欠

　小坂さんがいちばん必要性を感じているのが、島民の意識改革だ。「島の人が島を愛さねば、魅力的な場所にはならないと思うんです」
　「ゆきまるだ 灯りフェスティバル」は島人のためのイベントのひとつ。個性的な雪だる

まがひと気の少ない冬の町を華やかに彩った。施設では随時ライブを開催し、町民が集える機会を積極的に作る。活気あふれる町は、自然と観光客を引き寄せるはずだ。
　2017年には全国約30の島々が連携するアンテナショップ事業「離島キッチン 札幌店」の運営を担い、利尻、礼文をはじめ、奥尻や天売の魅力を島外に伝えた※。また、利尻昆布を粉末にした「しまっ粉」や「利尻昆布酢」など、新たな特産品の開発にも取り組む。島の活性化を目指して小坂さんのチャレンジは続く。

左／町民作の雪だるまとキャンドルが冬の町を彩る
右／利尻十六景は町の垣根を超えて実現（現在は終了）

※離島キッチンは2022年11月末をもって営業終了。

出発前にチェックしておきたい！

旅の基本情報
Basic Information

！

利尻・礼文の旅に欠かせない基礎知識をご紹介。

島への行き方からベストシーズンや見どころなど

知っておくと便利なトピックスを集めました。

旅の基礎知識

孤高の独立峰を擁する利尻、高山植物の宝庫礼文。似ているようで異なる、ふたつの島の特徴や旅のスタイル、現地で役立つ基本情報をご紹介。

PART 1 まずは利尻 礼文について知ろう

最北の厳しい自然の中で生きる人々の暮らしとは？

◇ ニシン漁のために各地から移住した漁師たちが持ち込んだ文化が融合

礼文にある厳島神社。総本社は広島にある

かつて、ニシンの一大漁場としてにぎわった利尻・礼文。1800年代半ばから、青森、秋田をはじめ、新潟や鳥取など遠方からもニシンを求めて漁師（やん衆）たちが移住した。大正初期には10万トンもの水揚げを誇ったニシンだが、徐々に減り、1955年にはほとんど姿を消した。現在、漁業のメインはウニや昆布にシフトしたが、島には、日本各地から来た漁師たちが持ち込んだ風習や神社などが残り、島の歴史を伝える。

日本各地の神社が点在する

◇ 目当ては山と花、そしてウニ！近年は冬山にも注目が集まる

ウニ漁が解禁になるのは6～9月のみ

利尻登山や周辺の山歩き、礼文では高山植物を巡る散策などがメインアクティビティ。もちろん何もせず、最北の島の風情を感じるだけでも魅力だ。観光客は雪が解ける6月中旬～9月に集中し、ウニの解禁もこの季節。水揚げされたばかりのとろけるウニは必食だ。近年は利尻山のバックカントリーや礼文のスノーシューなど冬のアクティビティにも注目が集まっている。

夏場は島中が花に彩られる

◇ 似ているようで異なるふたつの島 利尻・礼文、どう違う？

礼文北部では、海岸線に集落があり、その一段上に丘陵地帯が広がる。奥の山は利尻山

利尻と礼文の間はフェリーが結び、ふたつの島の距離は19km、40分ほど。こんなにも近くにある島なのに、ふたつの島はまったく様相が異なる。ほぼ円形の利尻は中央に1721mの利尻山を擁し、海から一気に立ち上がるその姿が雄壮だ。一方礼文は南北に細長く、最高標高は礼文岳の490m。海岸線から一段高い場所に丘陵地帯が広がる海成段丘が特徴で、本州では高山でしか見られない高山植物が、海抜0mから成育する花の島として知られる。

海から一気に立ち上がる利尻山

◇ オホーツク文化や遺跡、近代史に影響を与えた歴史にも注目

オホーツク文化の出土品を展示する礼文町郷土資料館

礼文島北部の船泊遺跡からビノスガイのアクセサリーや土器などが発掘され、これらを検証した結果、道具や生活の跡ということが判明。墓の副葬品には本州のものも多く、当時も活発に交易をしていたことが証明された、貴重な遺跡だ。

江戸時代には、開国を求めてロシアが島に襲来。警備を強化するために、会津藩士が派遣された。藩士のなかには樺太警備の際や、島での過酷な生活で命を落とすものも。利尻島には3ヵ所に会津藩士の墓が残されている。

非業の死を遂げた会津藩士を弔う墓碑

voice 元禄9（1696）年、朝鮮の李志恒が書いた『漂舟録』という記録に「1696年4月13日に釜山から出港し、28日に強風で漂流、5月2日、山の中腹から上に雪が積もる山のある島に到着した」という記録がある。その山が利尻山だと推測されている。

青い海で
カヤック

PART 2 利尻 礼文、旅のノウハウ Q&A

実際に利尻・礼文に行くときに知っておきたいアレコレを Q&A でお届け。

6月上旬の利尻山。
残雪が多い

礼文の夏は
花の宝島

シーズンの ノウハウ

Q. ベストシーズンはいつ？

A. 6～9月中旬に集中

北緯45度にある北の島なので、冬場の冷え込みは厳しい。利尻山の雪が解けるのは6月中旬以降。登山目的でなければ、ゴールデンウイーク頃から観光できるが、肌寒い日も多い。11～4月は多くの飲食店、ホテルがクローズする。

Q. 冬でも訪れることはできる？

A. もちろん可能だが時間に余裕をもって

冬場でもビジネス客向けの民宿は営業している。近年は利尻山のバックカントリースキーに注目が集まり、海外からスキーを楽しみに来る人もいるほどだ。また、夏場は歩くことができない花畑に雪が積もるので、その上を歩くスノーシューなどが人気。新たな島の楽しみとなっている。難点は冬場の海は荒れやすく、フェリーの欠航が多いことだ。スケジュールに余裕をもって出かけよう。

白銀の利尻山は夏とはひと味違う魅力がある

Q. 服装は？

A. 夏場は軽装で OK。
登山なら装備を入念に

7～8月は半袖、短パンで OK だが、風が強い日もあるので羽織れるものを。登山やハイキングが目的ならば、履き慣れた登山靴やザック、化繊の登山ウエアなどを準備しよう。利尻登山は上級者向きの山だ。気軽な気持ちで登ると後悔することになる。

遊び方のノウハウ

Q. 何をして遊ぶ？

A. アウトドアやカルチャー体験を

ハイキングのほか、シーカヤックや釣りなど海のアクティビティも人気だ。秋にはサーモン釣り大会が開催され、島外からも参加者が訪れる。

Q. 雨の日は何をする？

A. カルチャー体験や資料館巡りを

ウニを自分で取るウニ取り体験や、昆布のおみやげ作り、カルチャー派ならば海藻押し葉でキーホルダー作りなどを。郷土資料館を巡り歴史を知るのも楽しい。

海藻のクラフトで旅の思い出作り

Q. アクティビティは予約が必要？

A. アウトドアアクティビティは要予約

アウトドアアクティビティは予約が必要だ。カルチャー体験は前日までの予約が望ましいが、当日 OK なものもある。

Q. コンビニはある？

A. セイコーマートがある

セイコーマートというコンビニが、利尻に3軒、礼文に1軒ある。いずれも24時間営業ではなく、6:00～23:00頃までの営業だ（季節により異なる）。品揃えは充実しており、弁当や総菜だけでなく、生鮮食品、アルコール類、日用品、登山用品なども揃う。

voice 利尻では虹が多い。特に嵐の次の日は波の飛沫によりダブルレインボーになりやすいとか。利尻山に水蒸気がぶつかるため、雲の姿もさまざまだ。もしも登山中、日光を受けた山が雲に映りもうひとつ利尻富士が現れる「影富士」が見えたらとてもラッキー。

119

島内交通のノウハウ

バスでのんびり移動するのも島らしい

Q. 島での移動手段は?

A. バス、レンタカー、貸切タクシーなどを利用

利尻・礼文とも公共バスはあるが、割高なうえに本数が少ない。バスメインで行動するなら1日乗り放題券も検討を。レンタカーは軽自動車がメインで、3時間ガソリン代込みで6000円というのが目安。夏休みなど長期で家族連れで来る人のなかには、フェリーで自家用車を持ち込む人もいる。

食事のノウハウ

Q. ウニが食べたい!

A. 6〜9月いっぱいがシーズン

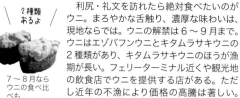

2種類あるよ

7〜8月ならウニの食べ比べも

利尻・礼文を訪れたら絶対食べたいのがウニ。まろやかな舌触り、濃厚な味わいは、現地ならでは。ウニの解禁は6〜9月まで。ウニはエゾバフンウニとキタムラサキウニの2種類があり、キタムラサキウニのほうが漁期が長い。フェリーターミナル近くや観光地の飲食店でウニを提供する店がある。ただし近年の不漁により価格の高騰は著しい。必ず値段を確認して。

Q. ウニ以外はどんなものが食べられる?

A. 海鮮がメイン。トド肉にもチャレンジ

ホタテ、エビ、ホッケなど、魚介類はどれも絶品。島の宿でも海鮮を自慢としているところが多い。珍しいのはトド肉。漁業被害を軽減させるため、計画的にトド猟を行っており、捕獲したトド肉は地元ではカレーや鍋にして食べられる。夏場なら、澄海岬の売店や香深の飲食店で食べられるほか、缶詰などが売られている。

Q. レストランの予約は必要?

A. 行きたい店は予約を

夏季の食事時は混み合うので予約が安心。また、シーズンオフは不定休の店が多いので、訪れる前に電話を。

お金のノウハウ

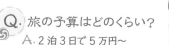

現金が必要だ!

Q. 旅の予算はどのくらい?

A. 2泊3日で5万円〜

旅の予算のなかでいちばんかさむのは交通費だ。利尻までは札幌から飛行機を使うか、稚内からフェリーで向かう。礼文には現在空港はない。少しシーズンをずらすと飛行機やホテルが割引価格を提示していることが多いので、チェックしてみて。

Q. クレジットカードは使える?

A. 現金払いが主流

大きなホテルを除いて、クレジットカードの通用度は低い。現金を用意して行こう。島には稚内信用金庫、ゆうちょのキャッシュコーナーがある。キャッシュレス決済が使える店も増えてきた。

左/ウニやホタテ、ボタンエビ……、海鮮の数々をご堪能あれ
右/トド肉などの珍味にもトライ

おみやげのノウハウ

真空パックはお手軽

Q. どんなおみやげがある?

A. 昆布製品は本州より安い

いちばん人気は何といっても利尻昆布だ。高品質のものが本州よりずっと安く手に入る。昆布には天然と養殖があり、当然天然のほうが値が張る。昆布には等級があるが、実は基本的に味に大差はないといううわさも。島では少し傷がついた昆布を家庭用として格安で売っている。

切れ端の昆布の量り売り。これでも十分美味

Q. ほかにどんなおみやげがある?

A. ウニ製品、魚介加工品などを

ウニの瓶詰め、ウニを板状にした粒ウニなども人気だ。糠に浸けた利尻の郷土食「糠ホッケ」は、真空パックされたものが便利。また、昆布を使った調味料も人気がある。

voice 島のガソリン代は高い。フェリーで運ぶから当然といえば当然なのだが、取材時は北海道本土と島で、1リットル当たり40円ほどの差があった。島にマイカーで訪れる人は、島に渡る前に満タンにしておこう。

宿泊のノウハウ

宿泊者全員で歌って踊る宿、桃岩荘

Q. どんなホテルがあるの？

A. 高級ホテルからゲストハウスまでさまざま

展望露天風呂を備えた快適な大型ホテルから民宿、ペンション、素泊まりの宿までさまざま。旅の目的に合わせて選ぼう。礼文島には、伝説のユースホステル、桃岩荘がある。希有な体験をしてみるのもアリだ（→ P.90）。

Q. 宿泊エリアはどう決める？

A. 利尻・礼文合わせて町は 3 ヵ所

宿泊施設が集中しているのは、利尻なら鴛泊と沓形、礼文なら香深の 3 ヵ所だ。ここのいずれかに泊まれば、近隣のレストランで食事を楽しむこともできる。一方、集落から離れたエリアにある宿に泊まれば、夜はこぼれんばかりの星空を見ることができるだろう。

通信環境のノウハウ

Q. 携帯は通じる？

A. 比較的電波はよい

市街地では、docomo、SoftBank、auともに使える。利尻山の鴛泊登山道も比較的よく通じるが、周辺の山の中だと通じにくい所も。

Q. Wi-Fi 状況は？

A. ロビーエリアのみというところも

Wi-Fi 完備の宿は増えてきた。たいていは無料だが、ロビーエリアのみなど使えるエリアが限られている所も。鴛泊フェリーターミナル、香深フェリーターミナルなどは Wi-Fiを無料で提供している。

PART 3 気になる！ 食の旬が知りたい

利尻礼文の海の幸について、旬を紹介！

◆ 利尻・礼文の食材

エゾバフンウニ
❖ 旬：6～8月
トゲが少なく、身は濃いオレンジ色。味は濃厚。地元では「ガンゼ」と呼ばれる。解禁時期はキタムラサキウニより短い。

キタムラサキウニ
❖ 旬：6～9月
鋭いトゲが全体を覆う。身はエゾバフンウニに比べて色が薄く、味もさっぱり。「ノナ」と呼ばれ、地元ではこちらを好む人も多い。

利尻昆布
❖ 旬：7～8月
養殖と天然がある。夏の島では、晴れた日の昆布干しの風景が風物詩だ。上品なだしが取れ、高級料亭でも使われる。

ホタテ
❖ 旬：3～10月
漁期は長いが、貝柱が大きくなるのは 7～8月。朝取れのホタテは、身が締まり、味が濃い。刺身、貝焼き、フライなどで。

◆ 旬の食材カレンダー

▼ おいしく食べられる旬 　◆ 漁獲のある月

	食材	1	2	3	4	5	6	7	8	9	10	11	12
海産物	サケ						◆	◆	▼	▼	▼		
	ケガニ	▼	▼	▼	▼								
	ズワイガニ	▼	▼	▼	▼							▼	▼
	タラバガニ	▼	▼	▼	▼								▼
	ホッケ	◆	▼	▼	▼	▼	▼				◆	◆	◆
	ヤリイカ				▼	▼							
	真イカ						▼	▼	▼	▼	▼		
	シマエビ							▼	▼				
	サンマ									▼			
	マガレイ					◆	▼	▼	▼	◆	◆		

voice 利尻・礼文では家庭用にじゃがいもや葉野菜を栽培する程度で、農園というものはない。また牧場は利尻・礼文にそれぞれ 1 軒ずつあったが、利尻では平成 3 年に、礼文では平成 13 年に、人口減少の影響を受けて廃業してしまった。

121

利尻 礼文へのアクセス

最果ての島、利尻・礼文。
フェリーで訪れるなら、まずは稚内を目指そう。

✈ 飛行機でのアクセス

稚内空港と利尻空港の間に1日1便運航。

丘珠空港と利尻空港の間を、北海道エアシステム（HAC）が1日1便運航。7〜8月のみ1日2便となる。また夏場のみ、札幌新千歳空港から利尻空港までANAの季節運航便がある。

問 HAC（JAL）
電 0570-025-071
料 2万8050円（各種割引運賃あり）
URL www.info.hac-air.co.jp

問 ANA
電 0570-029-222
料 2万8470円（各種割引あり）
URL www.ana.co.jp

⛴ フェリーでのアクセス

島へ渡る、最もメジャーな手段。

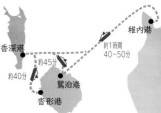

稚内港フェリーターミナルから、利尻、礼文へ運航。便数・時間は季節により異なるが、稚内〜利尻（鴛泊）、稚内〜礼文がそれぞれ1日2〜3便運航。また利尻〜礼文間が1日1〜3便。夏期のみ沓形（利尻）〜礼文間も運航。

◆ 運賃表

	稚内〜利尻島（鴛泊）	稚内〜礼文島（香深）	利尻島（鴛泊・沓形）〜礼文島（香深）
2等	3590円	3950円	1800円
2等指定席	4250円	4610円	2110円
1等和室	6610円	7270円	3290円
1等ラウンジ 1等アイランドビューシート	6610円	7270円	3290円
自動車航送運賃	7400円	3万710円	1万20円
バイク（125cc未満）	7000円	7000円	3500円

※2023年4月〜6月運賃。運賃は燃料油価格により変動。
※自動車航送運賃は幅2.5m、長さ5m未満のものを掲載。運転手1名の2等席料金が含まれる。

問 ハートランドフェリー 電 0570-02-8010（予約専用9:00〜17:00）URL www.heartlandferry.jp

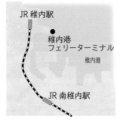

フェリー乗り場への行き方

フェリー乗り場はJR稚内駅近くの稚内港フェリーターミナル。

◆ 所要時間

▶ JR稚内駅から徒歩約15分

▶ 稚内空港から空港連絡バスで約35分（700円）

▶ 稚内空港からタクシーで約20分（約4000円）

問 宗谷バス 電 (0162) 33-5515 URL www.soyabus.co.jp

Voice 稚内港フェリーターミナル内1階には売店があり、稚内や島の特産品が揃う。ハートランドフェリーのグッズが豊富にそろう。テーブルの端に行くとくるっと向きを変える"落ちない"船のオモチャが人気だ。

🚢 フェリーの乗船手順

❶ フェリーターミナルへ到着（1時間前）

窓口のオープンは出港時間の1時間前から。予約番号と名前を告げて発券する。券売機でも発券が可能だ。40分前までには乗船手続きを済ませよう。

左／券売機　右／フェリーターミナルの窓口

❷ 乗船口で待機

乗船開始までフェリーターミナル2階で待機。自動車がある場合は車輌待機場で待機する。なおハートランドフェリーでは、船内に車を入れる際バックで入庫しなくてはならない。前の人の動きを観察し、それに習おう。

車は専用レーンで待機

❸ 係員の指示に従って乗船

まずは1等の乗船者から乗船。車がある場合は船内に車を停車し、船内の階段を使って客席へ。同乗者とは別行動になるので待ち合わせ場所を決めておこう。

デッキを通って船内へ

❹ 船内でリラックス

2等船室には、椅子席（一部船舶のみ）やカーペット席があるので好きな場所でくつろごう。船内でも追加料金で1等船室へのアップグレードが可能だ。

左／アマポーラ宗谷のキッズルーム。小さな子ども連れでも安心
右／アマポーラ宗谷の1等アイランドビューシート

❺ 到着

稚内港から1時間40分ほどで島に到着。ホテルの送迎がある人は、出口で迎えが待っている。観光案内所で、マップなどを手に入れておこう。

機能的な鴛泊港フェリーターミナル

稚内へのアクセス方法

飛行機、電車、バスで稚内までアクセス。

フェリーが発着する稚内は北海道のほぼ北端。稚内空港発着の飛行機は少ないので、電車やバスの利用も考えよう。

飛行機 ✈

羽田および千歳空港から、稚内空港まで各1日1～2便、ANAが運航。

🏢 ANA 国内線予約・案内センター
💴 羽田発5万5370円　千歳発2万7370円（各種割引運賃あり）📞 0570-029-222 🔗 www.ana.co.jp

バス 🚌

札幌から稚内駅前バスターミナルまで宗谷バス特急わっかない号が運行。所要5時間50分。

稚内行き

便名	札幌発	稚内着
1	7:40	13:30
3	10:30	16:20
5	13:00	18:50
7	15:00	20:50
9	17:00	22:50
11	23:00	5:30※

札幌行き

便名	稚内発	札幌着
2	6:30	12:20
4	8:30	14:20
6	11:30	17:20
8	13:00	18:50
10	16:40	22:30
12	23:00	5:30※

🏢 宗谷バス 📞 (0162)22-3114（稚内駅前バスターミナル支店）💴 6700円 🔗 www.soyabus.co.jp
※ 12月1日～3月19日は6:00着

電車 🚃

札幌から稚内までJRの宗谷は直通運転。旭川で接続するライラック・サロベツも利用可。所要約5時間。

稚内行き

	札幌発	稚内着
宗谷	7:30	12:40
ライラック15号・サロベツ1号	12:00	17:23
ライラック35号・サロベツ3号	18:30	23:47

日本最北端を走る！

札幌行き

	稚内発	札幌着
サロベツ2号・ライラック18号	6:36	11:55
サロベツ4号・ライラック36号	13:01	18:25
宗谷	17:44	22:57

🏢 JR北海道
📞 (011)222-7111
💴 1万560円
🔗 www.jrhokkaido.co.jp

稚内駅は日本最北の駅だ

新潟発小樽行

フェリーで北海道へ行こう

小樽

新潟

せっかく最果ての地に行くのだから、この際のんびりフェリーで旅してみるのもいい。旅情たっぷりのフェリー旅は、今や最新の設備が搭載されホテル並みの快適さ。いざ、16時間の船旅へ。

16時間のデジタルデトックス

本州から北海道に行くフェリーはいくつかコースがあるが、今回紹介するのは、新潟と小樽を結ぶ新日本海フェリーの「らべんだあ／あざれあ」。全長197.5m、定員600名の巨大なフェリーには、手頃なツーリストクラスからスイートまで9つのタイプの部屋があり、予算や旅のスタイルに応じて選ぶことができる。ステートA以上は個室タイプでまるでホテルのよう。サロンやデッキなど広々とした共有スペースがあるのでツーリストクラスでもストレスはない。船内にはレストランやカフェ、飲み物やスナック、おみや

げが揃う売店、大浴場、サウナ、カラオケルームにジムまであり、16時間の船旅もあっという間だ。船内ではWi-Fiが使用できるが、航海中はWi-Fiも携帯もつながらない時間が多い。それもまた旅情を盛り上げてくれるのだ。

ステートA和洋室。ベッド2台と布団で4名まで宿泊できる。バストイレ付き

ランニングマシンやバイクを備えたスポーツルーム

ゆったりとした共有スペース。読書をしてのんびり過ごす人の姿も

サウナ、露天風呂付きの大浴場

レストランではタッチパネルでオーダーするとできたてが運ばれてくる

デッキに出てみるとちょうど美しいサンセットタイム

新潟発小樽行き			
運航日	新潟発	→	小樽着
火～日	12:00 発	→	翌 4:30 着
小樽発新潟行き			
運航日	小樽発	→	新潟着
月～土	17:00 発	→	翌 9:15 着

子供がのびのび遊べるキッズルーム

新日本海フェリー
☎ (06)6345-2921 (大阪予約センター)
🔗 www.snf.jp 🚢 ツーリストC8500円～、ステートA1万8000円～、デラックスA2万5400円～
※各種割引運賃はHPを確認

左／売店ではアルコールやカップ麺なども手に入る
右／カラオケが楽しめるアミューズメントルーム

車やバスで
のんびり観光

利尻 礼文の移動術

自由に移動するにはレンタカーがいちばん便利だがレンタカーは台数が少なくやや高めだ。バスは本数は少ないが、のんびり旅するには風情がある。そのほか観光バスやレンタバイクをうまく使って島を巡ろう。

路線バス

路線バス info.
▶ 利尻 宗谷バス利尻営業所
　　(0163)84-2550
▶ 礼文 宗谷バス礼文営業所
　　(0163)86-1020

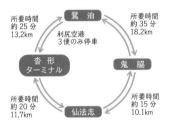

利尻路線バス略図

鴛泊
所要時間 約25分 13.2km
所要時間 約35分 18.2km
利尻空港 3便のみ停車
鬼脇
沓形ターミナル
所要時間 約20分 11.7km
所要時間 約15分 10.1km
仙法志

礼文路線バス略図

スコトン岬
所要時間 約1時間 26.1km
船泊
所要時間 約15分 6.5km
香深井
元地
香深港フェリーターミナル
所要時間 約10分 4.4km
知床

利尻では、北回り（沓形発鴛泊経由沓形行き）と南回り（沓形発仙法志経由沓形行き）があり、1日各4～5便。島のバス運賃は割高で、例えば鴛泊から沓形で760円。1日何度も乗るならばワンデイパス2000円（子供1000円）がお得。礼文は、香深を起点にスコトン岬方面、知床方面、元地方面行きのバスが出ている。

定期観光バス

両島で、オンシーズンのみ島の見どころを巡る定期観光バスを運行。うまく活用して効率よく観光を。

定期観光バス info.
▶ 利尻 秀峰利尻富士めぐり（利尻A） 姫沼、オタトマリ沼、仙法志御崎公園など島の見どころを網羅。
所要 3時間10分 料 3500円
▶ 礼文 夢の浮島礼文めぐり（礼文A） 澄海岬、スコトン岬、桃台猫台、北のカナリアパークなどを訪れる。所要 3時間50分 料 3600円
各島のフェリーターミナル内の観光案内所で申し込み

レンタカー

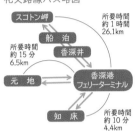

効率よく巡るならレンタカーがいちばん。3時間から借りられるので必要なときだけ使うことができる。3時間6000円～（ガソリン代、保険料込み）。

レンタカー info.
▶ 利尻 マルゼンレンタカー (0163)82-2295
　　　　利尻レンタカー (0163)82-2551
　　　　トヨタレンタカー (0163)89-2300
　　　　ニッポンレンタカー (0163)89-0919
　　　　まごころレンタカー (0163)82-1551
▶ 礼文 トヨタレンタリース (0163)86-1117

タクシー

フェリーターミナル前にはタクシーが待機している。人数が集まれば、貸し切りで島内観光をしてもいいだろう。3時間2万円程度（応相談）。

レンタカー info.
▶ 利尻 りしりハイヤー (0163)84-2252
　　　　富士ハイヤー (0163)82-1181
▶ 礼文 礼文ハイヤー (0163)86-1320
　　　　イシドウハイヤー (0163)86-1148

レンタサイクル・バイク

利尻には立派なサイクリングロードがあり、サイクリングが楽しい。身軽に観光するならバイクも手。レンタバイク1時間1000円～。レンタサイクル1日1500円。

レンタサイクル・レンタバイク info.
▶ 利尻 旅館 雪国 (0163)82-1046
　　　　ホテル利尻 (0163)82-2001
　　　　RISHIRI ACTIVITY URL https://rishiri-activity.com/
▶ 礼文 CAT ROCK レンタバイク 090-7517-1095

voice　利尻では、電動アシスト付き自転車もあるが、島1周する場合は途中で電池切れになってしまう。1周したい場合は、変速機付きの自転車を借りよう。フェリーターミナル前でレンタサイクルを行う旅館雪国では、マウンテンバイクも用意している。

125

島の過ごし方、
遊び方なら
おまかせ！

利尻 礼文観光案内所活用術

利尻・礼文に到着したらまずは観光案内所で最新情報をゲット！
登山やハイキングを予定している人はコース状態も確認しておこう。

◆ 利尻島観光案内所

各種パンフレットが揃うほか、登山情報、宿泊施設案内、ガイドツアーや体験の申し込みができる。

MAP 折り込み① D3 🏠 鴛泊港フェリーターミナル内 ☎ (0163)82-2201 🕐 8:00～17:00 (6～9月～18:30) 休 なし(冬期休業)

◆ 礼文島観光案内所

各種パンフレットが揃う。宿が決まっていない人は、併設の宿泊案内所で宿泊施設の予約をしてもらえる。

MAP P.92A1 🏠 香深港フェリーターミナル内 ☎ (0163)86-2655 🕐 8:00～18:00 休 なし(冬期休業)

ここでも情報ゲット！

島の駅利尻 沓形の町なかにあるギャラリー＆海藻押し葉体験施設。一角にパンフレットを置いている。
MAP 折り込み③ C2
沓形港フェリーターミナル 待合所の一角にパンフレットなどが置いてある。入港がないときは閑散としている。
MAP 折り込み③A1 🏠 利尻町沓形 ☎ (0163)84-2424

おもな宿泊リスト

利尻

鴛泊

旅館 なり田 **MAP** 折り込み①D2 🏠 利尻富士町鴛泊字港町 ☎ (0163)82-1536 💰 朝夕1万2000円～ 客室数 6室

旅館 大関 **MAP** 折り込み①C2 🏠 利尻富士町鴛泊港町 ☎ (0163)82-1272 💰 朝1万5000円～ 客室数 10室

ペンション群林風 **MAP** 折り込み①A2 🏠 利尻富士町鴛泊栄町 ☎ (0163)82-1888 💰 朝夕1万3200円～ 客室数 11室 **URL** http://greenwind.sakura.ne.jp/

利尻うみねこゲストハウス **MAP** 折り込み①D2 🏠 利尻富士町鴛泊港町 ☎ (0163)85-7717 💰 素3800円～(ドミトリー) 客室数 5室 **URL** www.rishiriumineko.com

利尻山荘 花りしり **MAP** 折り込み①B2 🏠 利尻富士町鴛泊栄町 ☎ (0163)82-2362 💰 朝6500円～、朝夕1万1300円～ 客室数 7室

お宿マルゼン **MAP** 折り込み①C2 🏠 利尻富士町鴛泊本町 ☎ (0163)82-2620 💰 素4500円～ 客室数 11室 **URL** https://ameblo.jp/oyado-maruzen

利尻ぐりーんひるinn **MAP** 折り込み①D2 🏠 利尻富士町鴛泊富士野 ☎ (0163)82-2507 💰 素3800円～(ドミトリー) 客室数 7室 **URL** www.rishiri-greenhill.net

旅館 雪国 **MAP** P.63A1 🏠 利尻富士町鴛泊港町 ☎ (0163)82-1046 💰 朝夕7700円～ 客室数 15室 **URL** www.ryokanyukiguni.com

夕陽館 **MAP** P.63A1 🏠 利尻富士町鴛泊本泊 ☎ (0163)89-2525 💰 朝夕7500円～ 客室数 7室 **URL** www.sekiyou.ftw.jp

鬼脇

プチホテル川一 **MAP** P.70B1 🏠 利尻富士町鬼脇 ☎ (0163)83-1268 💰 朝夕8800円～ 客室数 6室

旅館富士 **MAP** P.70B1 🏠 利尻富士町鬼脇 ☎ (0163)83-1170 💰 朝夕1万500円～ 客室数 7室

沓形

ゲストハウスぴやころ荘 **MAP** 折り込み②A1 🏠 利尻町沓形新湊 ☎ (0163)84-2044 💰 素3780円～、夕5724円～ 客室数 10室

中原旅館 **MAP** 折り込み③C2 🏠 利尻町沓形本町 ☎ (0163)84-2066 💰 朝夕8800円～ 客室数 18室 **URL** www.big-hokkaido.com/nakahara

民宿くつがた荘 **MAP** 折り込み③C2 🏠 利尻町沓形本町 ☎ (0163)84-2038 💰 素4400円～夕7700円～ 客室数 7室

民宿なごり荘 **MAP** 折り込み③C2 🏠 利尻町沓形本町 ☎ (0163)84-2233 💰 朝夕7000円～ 客室数 5室

正部川旅館 **MAP** 折り込み③C2 🏠 利尻町沓形本町 ☎ (0163)84-2072 💰 朝夕9900円～ 客室数 10室 **URL** www17.plala.or.jp/syoubukawa/

礼文

香深

民宿はな心 **MAP** P.81 🏠 礼文町香深津軽町 ☎ (0163)86-1648 💰 朝夕1万円～ 客室数 18室 **URL** www16.plala.or.jp/hanasin

民宿やざわ **MAP** P.92A1 🏠 礼文町香深尺忍 ☎ (0163)86-2034 💰 朝夕1万2800円～ 客室数 8室

民宿宮島荘 **MAP** P.81 🏠 礼文町香深手然 ☎ (0163)86-1692 💰 朝夕9500円～ 客室数 —

旅館一番館 **MAP** P.92B1 🏠 礼文町香深 ☎ (0163)86-1333 💰 朝夕8100円～ 客室数 11室

民宿山光 **MAP** P.92A1 🏠 礼文町香深尺忍 ☎ (0163)86-1891 💰 素5500円～ 客室数 7室

民宿香栄丸 **MAP** P.92B2 🏠 礼文町香深トンナイ ☎ (0163)86-1032 💰 朝夕9900円～ 客室数 14室

さざ波 **MAP** P.92A1 🏠 礼文町香深トンナイ ☎ (0163)86-1420 💰 朝夕9350円～ 客室数 —

素泊まり花文 **MAP** P.92A1 🏠 礼文町香深ワウシ ☎ (0163)85-7890 💰 素6000円、朝7000円 客室数 7室

ペンションう～に～ **MAP** P.92B1 🏠 礼文町香深入舟 ☎ (0163)86-1541 💰 朝夕1万2650円～ 客室数 10室 **URL** www.p-uni.burari.biz

船泊

礼文島プチホテルコリンシアン **MAP** 折り込み⑤B2 🏠 礼文町船泊大備 ☎ (0163)87-3001 💰 朝夕2万8900円～ 客室数 23室 **URL** www.corinthian.co.jp

ホテル礼文荘 **MAP** 折り込み⑤A2 🏠 礼文町船泊ノウショ ☎ (0163)87-2755 💰 朝夕8800円～ 客室数 18室 **URL** www.rebunsou.com

民宿カメとはまなす **MAP** 折り込み⑤B1 🏠 礼文町船泊ヲションナイ ☎ (0163)87-2887 💰 素5500円～、朝6270円～ 客室数 6室

民宿海憧 **MAP** 折り込み⑤B1 🏠 礼文町船泊大備 ☎ (0163)87-2717 💰 朝夕9500円～ 客室数 13室 **URL** https://city.hokkai.or.jp/~kaido

民宿吹風 **MAP** P.98A2 🏠 礼文町船泊浜中 ☎ (0163)87-3032 💰 素5500円、朝夕8800円～ 客室数 5室

voice 利尻・礼文の宿は、冬場(11～4月頃)はクローズしてしまう宿も。特に観光客向けの大型ホテルは休みになることが多い。営業しているかは事前に問い合わせよう。逆にビジネス客の多い小さな民宿は通年営業しているところも。

さくいん

利尻 礼文 4訂版

STAFF

Producer	斉藤麻理
Editors & Writers	澄田直子（アトール）、永島岳志
Photographers	吉川昌志、永島岳志
Designer	坂部陽子（エメ龍夢）
Maps	千住大輔（アルト・ディークラフト）
Proofreading	ひらたちやこ
Printing Direction	株式会社ダイヤモンド・グラフィック社

Special Thanks　利尻富士町、利尻富士町観光協会、
利尻町、利尻町観光協会、礼文島観光協会、
ハートランドフェリー、新日本海フェリー

Contributed Photographers　渡辺 敏哉、有限会社写真事務所クリーク 佐藤雅彦、
環境省ホームページ

地球の歩き方 島旅 04　利尻 礼文 4訂版
2023 年 3 月 21 日　初版第 1 刷発行
2024 年 10 月 29 日　初版第 2 刷発行

著 作 編 集	地球の歩き方編集室
発 行 人	新井邦弘
編 集 人	由良 暁世
発 行 所	株式会社地球の歩き方
	〒 141-8425　東京都品川区西五反田 2-11-8
発 売 元	株式会社Gakken
	〒 141-8416　東京都品川区西五反田 2-11-8
印 刷 製 本	大日本印刷株式会社

※本書は基本的に 2022 年 9 月の取材データに基づいて作られています。
　発行後に料金、営業時間、定休日などが変更になる場合がありますのでご了承ください。
　更新・訂正情報 ▶ https://book.arukikata.co.jp/travel-support/

本書の内容について、ご意見・ご感想はこちらまで
〒 141-8425　東京都品川区西五反田 2-11-8
株式会社地球の歩き方
地球の歩き方サービスデスク「島旅　利尻 礼文編」投稿係
URL ▶ https://www.arukikata.co.jp/guidebook/toukou.html
地球の歩き方ホームページ（海外・国内旅行の総合情報）
URL ▶ https://www.arukikata.co.jp/
ガイドブック『地球の歩き方』公式サイト
URL ▶ https://www.arukikata.co.jp/guidebook/

●この本に関する各種お問い合わせ先
・本の内容については、下記サイトのお問い合わせフォームよりお願いします。
　URL ▶ https://www.arukikata.co.jp/guidebook/contact.html
・広告については、下記サイトのお問い合わせフォームよりお願いします。
　URL ▶ https://www.arukikata.co.jp/ad_contact/
・在庫については　Tel ▶ 03-6431-1250（販売部）
・不良品（乱丁、落丁）については　Tel ▶ 0570-000577
　学研業務センター　〒 354-0045　埼玉県入間郡三芳町上富 279-1
・上記以外のお問い合わせは　Tel ▶ 0570-056-710（学研グループ総合案内）

※本書は株式会社ダイヤモンド・ビッグ社より 2016 年 5 月に初版発行したものの最新・改訂版です。
※学研グループの書籍・雑誌についての新刊情報・詳細情報は、下記をご覧ください。
　学研出版サイト ▶ https://hon.gakken.jp/
　地球の歩き方島旅公式サイト ▶ https://www.arukikata.co.jp/shimatabi/

島旅の思い出や
おすすめを教えて！

読者プレゼント

ウェブアンケートに
お答えいただいた方のなかから、
毎月 1 名様に地球の歩き方
オリジナルクオカード（500円分）
をプレゼントいたします。
詳しくは下記の
二次元コードまたは
ウェブサイトをチェック！

URL
https://www.arukikata.co.jp/
guidebook/enq/shimatabi